Nur ein paar Stündchen

Nix wie raus, ganz schnell ins Grüne. Auch mit wenig Zeit lässt sich Großartiges erleben. Kleine und große Abenteuer warten direkt vor der Haustür.

4H

Raus für einen Tag

Man muss nicht das Land verlassen, um neue Welten zu entdecken. Einfach mal einen Tag lang raus aus dem Alltagsallerlei und rein in die Natur.

12H

Ferien für ein Wochenende

Warum auf die große Auszeit warten, wenn man einen Wochenendtrip in der Nähe machen kann? Vergnügen, Abenteuer und Wohlgefühl kompakt und intensiv.

36H

Abenteuer
ESKAPADEN
AUSZEIT
AUSGLEICH
Wochenende
LÄCHELN
STADT.LAND.
FLUSS.
LEICHTIG-
KEIT
FREE
ERLEBEN
GRÜN
kleine
Fluchten
Wege
Lebensfreude
NATUR
GLÜCK
von Alexandra Lattek

LIEBE LESERIN, LIEBER LESER,

wie eine Kette zieht sich das Rothaargebirge längs durch das Sauerland, Siegerland und Wittgenstein. Bewaldete Bergrücken erheben sich über saftige Wiesen, erhaben sind die Blicke von den Gipfeln, verträumt die Täler mit ihren Fachwerkdörfern, blau schimmernd die Seen inmitten dieses grünen Wellenteppichs. Die Eskapaden zeigen, wo sich die Stille der Wälder erlauschen lässt und wo man einen Höhenflug oder Glücksrausch bekommt, sei es beim Panoramawandern, Baumkronenklettern, Kajakfahren oder Alpakastreicheln. Sie wollen zum Abschalten und Auftanken inspirieren – in einem besonderen Fleckchen Natur im südlichsten Zipfel Nordrhein-Westfalens.

Viele wunderbare Eskapaden im Naturpark Sauerland Rothaargebirge wünscht Ihnen, dir und euch

Alexandra Vattek

PS: Informationen zum GPX-Download gibt's auf Seite 224.

AUSZEIT.
ABENTEUER.
LEBENSFREUDE.

1. KAPITEL ABSTECHER

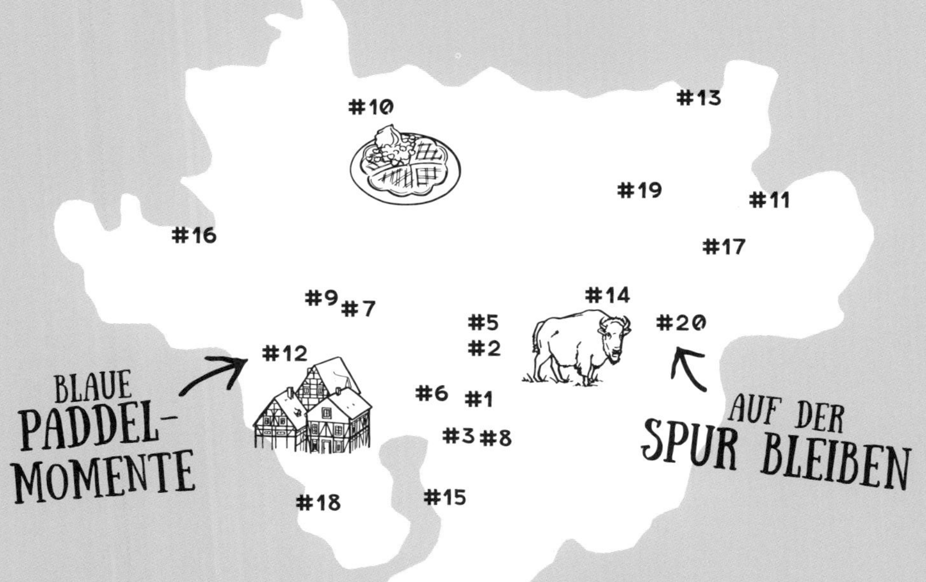

Nur ein paar Stündchen

Saftig-süße Erdbeeren pflücken, auf acht Rollen ins Glück sausen, in weichen Moosteppichen versinken – Zeit für eine kleine Auszeit ist immer.

4H

Aquädukt

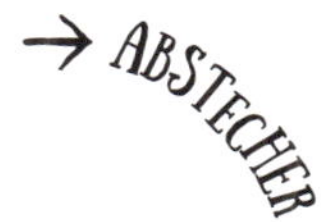

WENN STEINE SPRECHEN KÖNNTEN

… zum Dreiherrnstein und Goldenen Zapfen

Es waren einmal drei Herren, die stritten sich um eine Grenze zwischen dem kurkölnischen Sauerland und den Territorien der Siegerländer und Wittgensteiner. Wo man sich einst gegenseitig das Vieh klaute, wandert es sich heute ganz unbehelligt zu einem geschichtsträchtigen Stein auf dem Rothaarkamm.

#Grenzgeschichten #Landhecke #Krenkeltal #Aquädukt #Frühlingserwachen

Am Dreiherrnstein wurde Geschichte geschrieben. Nahe dem Grenzstein verläuft übrigens der Rothaarsteig.

Wollte früher ein Sejerlänner Jong (auf Hochdeutsch: Siegerländer Junge) aus Helberhausen ins sauerländische Heinsberg einheiraten, hing in der Brautfamilie der Haussegen schief. Entlang der Rothaarvorhöhen, die die beiden Orte trennen, verlief über Jahrhunderte eine Glaubens- und Sprachgrenze. Das Kölsche Heck, eine Landfestung aus Wällen, Gräben und undurchdringlichen Hecken, zog eine Linie zwischen Protestanten und Katholiken. Und jenen, die ihre Begeisterung über etwas mit »Nä, wat is dat schür, woah!« beziehungsweise »Hömma, is' dat nich' schön, woll!« zum Ausdruck bringen.

Egal, ob auf Siegerländer oder Sauerländer Platt oder ohne jeglichen Dialekt: »Was ist das schön hier, nicht wahr?« möchte man auf der Wanderung in den Wäldern zwischen Heinsberg und Helberhausen öfters ausrufen.

Der mit einem weißen Kreis auf schwarzem Grund gekennzeichnete Rundweg führt zunächst durch das Krenkeltal. Im Frühling liefern sich der plätschernde Krenkelsbach und die trillernden Vögel einen Wettstreit um den ersten Platz in der Waldsound-Hitparade. Am Wegesrand wagen sich die Frühblüher aus der kalten Erde und recken ihre weißen Blütenköpfe den ersten warmen Sonnenstrahlen entgegen.

Hin & weg: Von Altenhundem mit dem Bus R93 bis Heinsberg (am Wochenende Taxibus mit Voranmeldung). Parkplatz Stauweiher südlich von Heinsberg.

Beste Zeit: Zum Frühlingsanfang, wenn der Wald aus seinem Dornröschenschlaf erwacht. Das ganze Jahr über begehbar.

Dauer & Strecke: 3,5 Std. reine Wanderzeit für 11,5 km.

Ausrüstung: Feste Schuhe, Smartphone und Kopfhörer für die Hörgeschichte Dreiherrnstein.

Die Hilchenbacher Ortsteile Oberndorf und Helberhausen schmiegen sich sanft in den grünen Talkessel. Der Blick vom Goldenen Zapfen reicht weit über das hügelige Siegerland.

Zuweilen schwillt der Krenkelsbach stark an. Als Anfang des 20. Jahrhunderts eine Bahnlinie von Altenhundem nach Birkelbach eingerichtet wurde, musste er umgeleitet werden. Über eine steile Treppe gelangt man zu dem Aquädukt, das man zu diesem Zweck vor den Eingang des heute stillgelegten Eisenbahntunnels baute – ein Lost Place, der den kleinen Abstecher lohnt.

Zurück auf dem Hauptweg merkt man, was für knackige Anstiege das Mittelgebirge parat hält. Immerhin geht es auf die zweithöchste Erhebung des Siegerlandes, den Dreiherrnstein. Auf einen Versöhnungskaffee werden sich der Erzbischof von Köln, der Graf von Nassau-Siegen und der Graf von Berleburg wohl nicht hier oben auf 673 Metern getroffen haben, um ihre Grenzfehde beizulegen. Doch lauscht man bei einer Kuchenpause dem Podcast »Dreiherrnstein« (den gibt es unter www.lennestadt-kirchhundem.de zum Download), spürt man den Geist der drei Herren über die beschauliche Lichtung wehen.

Über Forstwege und einen urigen Hohlweg geht es durch das Elberndorfer Bachtal zur Rothaarhütte auf der Oberndorfer Höhe. Am Fuße des 641 Meter hohen Goldenen Zapfen spaziert man mit Blick über Oberndorf und Helberhausen zum Grünen Platz mit seiner verwitterten Eiche und zurück zum Stauweiher Heinsberg.

FAZIT: NATURNAHE WANDERUNG MIT VIEL KULTURGESCHICHTE. HEUTE SIND SICH SIEGERLÄNDER, WITTGENSTEINER UND SAUERLÄNDER ÜBRIGENS WOHLGESINNT!

DEM ESEL AUF DEN FERSEN

... von Oberhundem zum Alpenhaus

Alpinisten gibt es im Hochgebirge und in der Bergwelt von Oberhundem. Dort bauten Kletterer aus dem Ruhrgebiet 1934 eine Alpenhütte, die so urig ist, dass sie schon als Filmkulisse diente, etwa im TV-Krimi »Das Lied des toten Mädchens«. Zu erreichen ist das Kleinod über einen alten Eselspfad.

#OberhundemerKlippen #Kahleberg #Traumaussichten #Alpenfeeling

Nein, das Alpenhaus steht nicht in den Alpen, sondern mitten in den Wäldern des Sauerlandes.

→ ABSTECHER

Ursprünglich hieß das Alpenhaus Sauerlandhütte; errichtet wurde diese von der Sektion Essen des Deutschen Alpenvereins nach dem Vorbild einer »echten« Berghütte im österreichischen Umbaltal. Eine Materialseilbahn oder gar eine Fahrstraße gab es anfangs nicht, deshalb schafften sich die frühen Hüttenwirte für den Lebensmitteltransport Esel an. Dass die grauen Langohren alleine nach Hause gewandert seien, wenn der Wirt im Tal nach seinen Besorgungen noch das gesellige Zusammensein suchte, gehört womöglich ins Reich der Legenden.

Fakt ist jedenfalls: Der kürzeste Weg von Oberhundem zum Alpenhaus ist auch der steilste.

Daher nähert man sich der Hütte besser in einem großzügigen Bogen von der anderen Seite und nutzt den Eselspfad für den Rückweg.

Nach dem Start im Kurpark und einem mit Buchen gesäumten Pfadstück beginnt der Aufstieg durch den Fichtenhochwald. Die bemoosten Felsen der Oberhundemer Klippen laden wahlweise zu einer Kletterpartie oder Verschnaufpause ein. Das Rauschen der Wiegequelle bleibt im Ohr, während es über breite Forstwege bergauf, bergab und wieder bergauf geht.

Am Wegekreuz Brie nimmt man die Umrundung des Kahleberges in Angriff. Die Natur hat sich den von Kyrill komplett entwaldeten Berg zurückerobert. Neongrüne Buchenblätter sprießen, was das Zeug hält, die Knospen der Tannen leuchten lila-pink. Und man kann fast dabei zusehen, wie sich die zu Seepferdchen zusammengerollten Blätter der Farne entfal-

Der Eselspfad ist ein alter Hohlweg und führt durch vielfältige Vegetation zurück nach Oberhundem. Vielleicht ist er sogar das schönste und abenteuerlichste Stück der Wanderung, einfach ausprobieren!

ten. In der Ferne spitzen der 730 Meter hohe Wildhöfer und das Dörfchen Milchenbach aus dem grünen Patchworkteppich hervor.

Jetzt liegt das Alpenhaus fast schon in greifbarer Nähe. Mit seinen Natursteinmauern und den roten Fensterläden wirkt es tatsächlich wie geradewegs aus dem Hochgebirge importiert. Ein Holzschild mit einem Esel weist den Weg zu dem etwas versteckt liegenden Einstieg in den Abstieg. Mal führt der Eselspfad durch dichten Fichtenwald, mal vorbei an leuchtend gelben Ginsterbüschen, mal durch Wiesen mit Pusteblumen und blökenden Schafen, bis eine Anhöhe schließlich den Blick auf die Dächer von Oberhundem frei gibt. Eine Bank lädt ein, nochmal kurz zu pausieren und die Aussicht zu genießen.

FAZIT: AUSSICHTSREICHE RUNDTOUR MIT ALPINEM AMBIENTE MITTEN IM WALD- UND BERGREICHEN SAUERLAND.

Hin & weg: Von Altenhundem mit dem Bus R36 bis Oberhundem (am Wochenende Taxibus mit Voranmeldung). Parkplatz am Haus des Gastes in Oberhundem.

Beste Zeit: Im Frühling, wenn sich die Natur in den knalligsten Grüntönen präsentiert.

Dauer & Strecke: 3,5 Std. Gehzeit für knapp 12 km.

Ausrüstung: Feste Schuhe mit Profilsohle, Fernglas, Proviant, falls das Alpenhaus (www.alpenhaus.de) Ruhetag hat.

ALLES AUF EMPFANG

... auf dem Jung-Stilling-Pfad zur Ginsburg

Im Wald kann man wunderbar seinen Tagträumen nachhängen. Oder ganz bewusst gucken, lauschen und entdecken. Schöner Nebeneffekt so oder so: Der Alltag ist hundertprozentig meilenweit weg. Zu erproben auf den Spuren des berühmten Augenarztes Jung-Stilling.

#Sinneschärfen #Ritterburg #Panoramablick #Wassertreten

→ Abstecher …

Einst Wohnsitz des Raubritters Hans Hübner, heute Wahrzeichen von Hilchenbach: die Ginsburg.

Jemandem, der besonders gut sieht und hört, sagt man: »Du hast ja Augen und Ohren wie ein Luchs!« Egal, ob man mit derartigen Eigenschaften gesegnet ist oder einfach nur Zeit und Muße hat, sich dem sinnlichen Genuss eines Waldspaziergangs hinzugeben: Der Jung-Stilling-Pfad ist dafür prädestiniert. Benannt wurde der Rundweg nach Prof. Dr. med Dr. phil h. c. Johann-Heinrich Jung, besser bekannt als Jung-Stilling, der 1740 in Hilchenbach-Grund geboren wurde. Jung-Stilling machte nicht nur als Schriftsteller Furore und war ein Duzfreund von Goethe, sondern allen voran ein begnadeter Augenarzt. Er gilt als Pionier der Augenchirurgie und hat mehr als 3000 Patienten vom Grauen Star befreit. In jungen Jahren

Der Augenarzt Jung-Stilling hat Grund weit über die Grenzen des Siegerlandes berühmt gemacht.

war er Dorfschullehrer in Hilchenbach-Lützel, die Wanderung folgt gewissermaßen seinem Arbeitsweg. Vorbei an Jung-Stillings Geburtshaus verlässt man rasch das schmucke Dorf mit seinen Fachwerkhäusern und den verschieferten Giebeln. Die Schilder mit dem J auf dem schwarzen Hintergrund weisen den Weg. Die erste Verschnaufpause lässt nicht lange auf sich warten. Der Weidekampen am Hitzigen Stein, 562 Meter hoch, gibt den Blick frei auf den grünen Talkessel mit seinen Wiesen und Wäldern. Leicht ansteigend geht es auf breiten Waldwegen zur Kronprinzeneiche und weiter Richtung Ginsburg. Ein Abstecher auf den Turm der mittelalterlichen Burgruine, die im 13. Jahrhundert von den Nassauern errichtet wurde, ist ein Muss. Wanderer mit Luchsaugen haben bei gutem Wetter die Chance, in der Ferne das Siebengebirge und die Hohe Acht in der Eifel auszumachen.

Der Wald ist voller kleiner Geheimnisse, wenn man denn genau hinsieht und hinhört. Hier, in einer der waldreichsten Regionen Mitteleuropas, in der eine ganze Reihe selten ge-

wordener Tiere heimisch ist, lohnt das gleich doppelt. Also: Luchsaugen und -ohren auf Empfang stellen! Sechsmal lichtempfindlicher als das menschliche Auge sind die Gucker des scharfsinnigen Beutetieres mit den markanten Pinseln an den Ohren. Die übrigens wie Antennen funktionieren – raschelt eine Haselmaus im Laub, kann der Luchs sie auf 50 Meter Entfernung erkennen. Ansonsten hört man noch Rauhfußkäuze. Lautlos ist der Rotmilan, der über die Ginsburg hinwegsegelt.

Zurück geht es über den alten Zollposten und den Kromberg ins Insbachtal. Dort lockt nochmal ein phänomenaler Panoramablick auf Grund. Tipp: Wer Lust auf einen erfrischenden Abschluss hat, schlüpft aus den Schuhen und taucht die Füße in das Wassertretbecken – herrlich!

Hin & weg: Parkplatz Alte Kapellenschule in Grund. Alternativ mit der Rothaar-Bahn RB93 von Richtung Siegen oder Bad Berleburg bis Bahnhof Vormwald und dort starten.

Beste Zeit: Ganzjährig, am schönsten im Frühling.

Dauer & Strecke: 3 Std. reine Wanderzeit für 9,5 km.

Ausrüstung: Fernglas, Turnschuhe mit griffigen Sohlen.

FAZIT: NICHT ZU ANSTRENGENDE WANDERUNG, DIE DEN EINEN ODER ANDEREN SINN SCHÄRFT, UND DABEI ETWAS ÜBER DEN BERÜHMTESTEN SOHN HILCHENBACHS LERNEN.

→ ABSTECHER …

MARMOR, STEIN UND EISEN BRICHT

#4

Einer Sage nach sind die Trödelsteine einem heillos verliebten Zwerg zu verdanken. Der stellte sich beim Anflirten seiner Angebeteten so ungeschickt an, dass die Riesendame entnervt mit Basaltbrocken nach ihm warf. Des Zwerges Leid, des Wanderers Freud – der Blick vom Gipfel ist einfach phänomenal.

Wie im Wilden Westen: Ein wahrer Erzrausch brach aus, als man auf metallhaltiges Gestein stieß.

Angeblich lebte eine ganze Zwergenschar in den Tiefen des Berges unter den Trödelsteinen, die auf einem Kamm an der Grenze zwischen Siegerland und Westerwald zu finden sind. In einer Westerwälder Sage heißt es, sie hätten dort einen Schatz bewacht. Tatsächlich beschleicht einen auf dem Trödelsteinpfad immer wieder das Gefühl, im Land der Trolle und Elfen gelandet zu sein. Schon die naturbelassene Aue, die man wenige Hundert Meter nach dem Start am Waldrand oberhalb von Wahlbach erreicht, präsentiert sich märchenhaft.

Das Untere Buchhellertal mit der sich durch Feuchtwiesen mäandernden Buchheller hinter sich lassend, schwenkt man rechts in den Wald. Auf dem Pfad werden die Waden gefordert, der Anstieg hat es in sich. Glücklicherweise laden immer wieder zu Bänken umfunktionierte Baumstämme zum Pausieren ein.

Beim nächsten Anstieg bleibt der Blick an einem Grubenwagen hängen, mit dem allerdings lange niemand mehr in den Tunnel gefahren ist. Er steht vor der ehemaligen Grube Peterszeche und zeugt von der langen Bergbautradition im Buchhellertal. In der Peterszeche und den zahlreichen kleinen Gruben, die hier abgingen, wurden Erze abgebaut.

Über einen Wurzelpfad geht es immer höher hinauf, bis sich die dunkelgrauen und schwarzen Basaltsteine vor einem aufbauen. Ein Schild am Fuße der kegelförmigen Erhebung gibt Auskunft über deren Entstehung: 28 Millionen Jahre ist es her, seit glühende Lavaströme die sogenannten Quellkuppen

Bei einer Wanderung zu den Trödelsteinen darf man ruhig ein wenig trödeln, dann und wann pausieren, die Ausblicke aufsaugen und sich dem Rhythmus eines warmen Sonnentages hingeben.

hervorbrachten. Wo ein Gipfelkreuz, da auch ein Weg: Echte Berggämsen lassen es sich nicht nehmen, noch ein paar Höhenmeter draufzulegen und sich auf 613 Metern in das Gipfelbuch einzutragen. Die Belohnung: ein wunderbarer Weitblick über die grünen Höhen des Siegerlandes.

Zurück von der kleinen Kletterexpedition weisen einem das auf dem Rücken liegende R und der Hinweis Trödelsteinpfad den Weg. Über eine Freifläche gelangt man in das Naturschutzgebiet Saukaute mit seinen Rotbuchen, Birken und der Wacholderheide. Der lichte Laubwald gibt erneut kilometerweite Aussichten frei, bis die Bäume dichter stehen, der Weg zum Pfad wird und einen flugs zurück ins Tal bringt.

FAZIT: SAGENHAFTE VULKANGESTEIN-RUNDWANDERUNG MIT VIELEN AUSSICHTEN UND EINIGEN EINBLICKEN IN DIE ZEIT DES ERZBERGBAUS.

Hin & weg: Mit dem Zug RB96 nach Burbach-Wahlbach, alternativ Parkplatz Austraße am Feuerwehrgerätehaus in Wahlbach.

Beste Zeit: Im Frühling oder Sommer. Es sollte vorher nicht geregnet haben, da die Steine sonst rutschig sein können.

Dauer & Strecke: Gut 3 Std. für 10 km mit Abkühlen an der Buchheller und Eintragen ins Gipfelbuch.

Ausrüstung: Snacks und Getränke, Schuhe mit rutschfester Sohle.

Meditationsmulde

GEHT EIN FISCH DIE TREPPE RAUF

Wer bei Kurpark an Rheumadecken und »Draußen nur Kännchen!« denkt, war noch nicht in Saalhausen. Der Bewegungspark TalVITAL am Lenneufer beweist: Kurterrainwege haben mehr zu bieten als nur eine schön gestaltete Landschaft.

#Meditationsmulde #Wasserlabyrinth #Hängemattenpause #Kletterboot

Was machen Fische eigentlich, wenn ihnen ein Wehr den Weg versperrt? Turnen sie mit einem Salto über das Hindernis? Am Lennewehr in Saalhausen hat man eigens eine Fischtreppe geschaffen. Das sind kleine, runde Strudelbecken, durch die sich die Flussbewohner ihren Weg hinauf und wieder hinunter mäandern, bis sie zurück in ruhigerem Schwimmwasser landen. Fast möchte man es ihnen gleichtun, mutet das Ganze doch wie eine kurvenreiche Wasserrutsche an.

Kleine und große Wasserratten sind im TalVITAL (www.saalhausen.de/TalVITAL) genau richtig. Der Bewegungspark liegt direkt an der Lenne, die hier über eine Länge von etwa 1,5 Kilometern renaturiert ist. Eine ideale Einstiegsstelle, um ein Stückchen durch den Fluss zu waten, findet sich beim Holzklettergerüst. Und was wäre ein Kurpark ohne Kneippanlage? Am Armtauchbecken heißt es Ärmel hochkrempeln für einen Kneippschen Espresso. Das Tretbecken nimmt man in einem Aufwasch mit.

Die Schuhe am besten ausgezogen lassen, denn nur wenige Meter entfernt wartet die beste Reflexzonenmassage, die man sich vorstellen kann, und das aus komplett natür-

---

Hin & weg: Vom Bahnhof Altenhundem mit dem Bus SB9 bis Saalhausen Kirche. Parkplatz an der Touristeninformation in Saalhausen.

Beste Zeit: Im Sommer, wenn alles blüht und die Wasserstationen herrliche Abkühlung versprechen.

Dauer & Strecke: Die Zeit vergisst man leicht, mit Cafébesuch ziehen plötzlich locker 3 Std. ins Land.

Ausrüstung: Bequeme Kleidung, kleines Handtuch.

Freie Bahn für Fische: Hier nehmen die tierischen Bewohner der Lenne schwimmend Fahrt auf.

lichen Materialien. Auf dem Barfußpfad läuft man über Holzstämme und Holzschnipsel – eine piksende bis kitzelnde Angelegenheit. Für Kinder und alle, die noch nicht genug Bewegung hatten, halten das Kletterboot oder das Bike-O-Drom weitere Action parat.

Müßiggänger lassen sich einfach treiben. Verweilen auf der Bank am Wasserlabyrinth, das an einen japanischen Garten erinnert. Lassen sich beim Schaukeln in der Hängematte an der Bienenweide sachte in den Schlaf summen. Und klinken sich in der Meditationsmulde im hohen Gras für ein Weilchen komplett aus dem Hier und Jetzt aus. Bis der nachmittägliche Kaffeedurst anklopft. Denn ein Spaziergang im Kurpark ist natürlich nicht komplett ohne einen Cafébesuch. Die traditionsreichste Adresse in Saalhausen dafür ist das Café Heimes (www.cafe-heimes.de). Schon seit 1864 backt die Konditorei in dem Fachwerkhaus an der Lenne die köstlichsten Torten. Und auf der großen Gartenterrasse gibt es nicht nur Kännchen ...

FAZIT: KURPARKS KÖNNEN AUCH ANDERS – IN DIESEM FALL ACTIONREICHES BIS ACHTSAMES NATURERLEBEN!

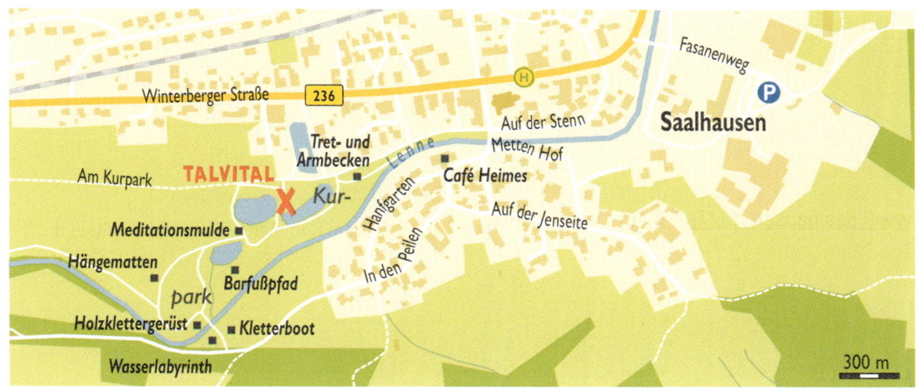

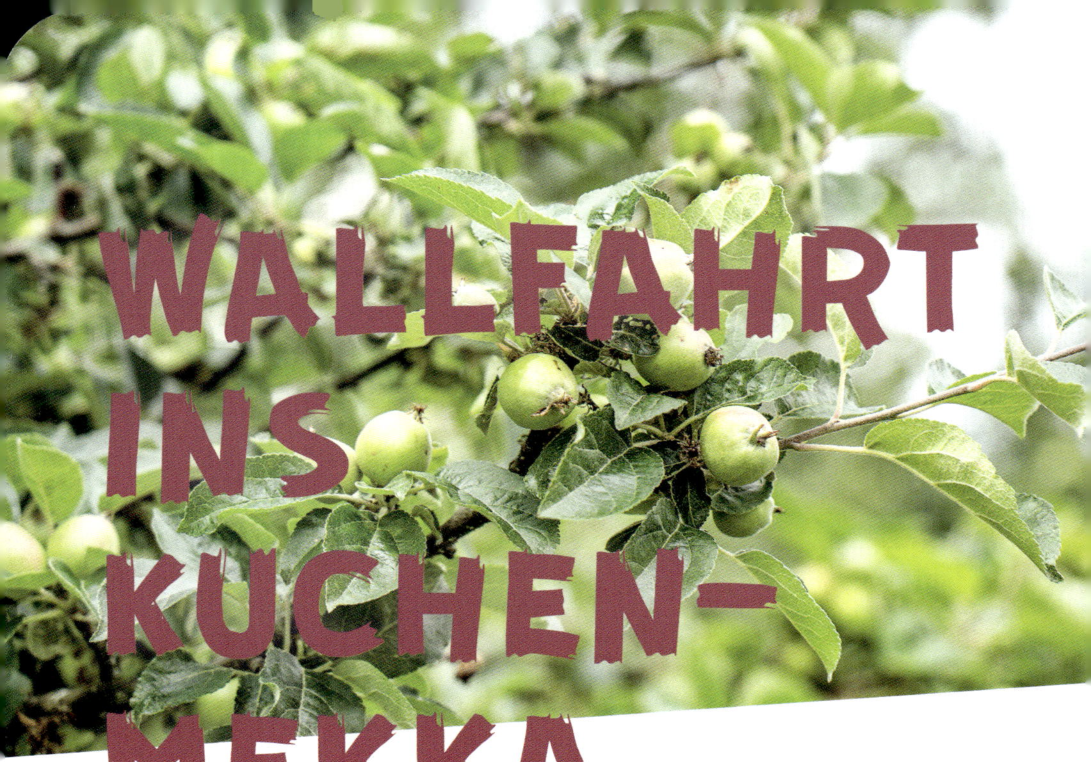

WALLFAHRT INS KUCHEN-MEKKA

… von der Wegescheid zum Kohlhagen

#6

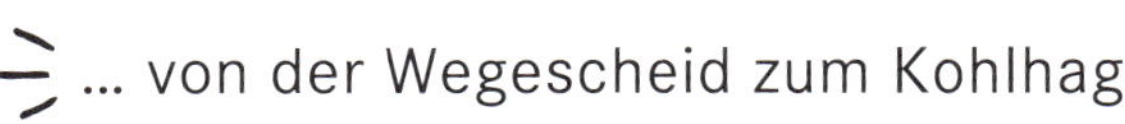

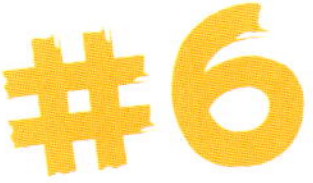

Warum Menschen sich auf eine Pilgerreise oder Wallfahrt begeben, hat heute nicht immer religiöse Gründe. Wallfahrtsorte sind Kraftstätten mit einer ganz eigenen Energie, die einen bei sich ankommen und in sich gehen lassen. Vor allem, wenn sie umgeben sind vom beruhigenden Grün der Natur.

#Wallfahrtskirche #MariäHeimsuchung #Seelenort #Bauernhofcafé #Waffelwallfahrt

→ ABSTECHER …

Eine besondere Kombination aus Wallfahren und Waffelessen erwartet einen auf dem Kohlhagen.

Beim Pilgern gilt: Der Weg ist das Ziel. Auch beim Wallfahren sollte man sich seinem Ziel langsam und mit Bedacht nähern; dies dient der inneren Vorbereitung. Der Begriff spricht für sich, denn »Wallen« bedeutet in eine bestimmte Richtung zu ziehen. So legen Wallfahrer zumindest das letzte Stück der Strecke zu Fuß zurück.

Zur Wallfahrtskirche am Kohlhagen, einem Acht-Seelen-Dorf in den Wäldern oberhalb von Wirme und Brachthausen, führen gleich mehrere Kreuz- und Prozessionswege. In Hochzeiten suchen bis zu 30 000 Wallfahrende im Jahr die Kirche Mariä Heimsuchung mit ihrem Pilgerhaus auf. Wer an einem ganz normalen Wochentag eine kleine Wallfahrt –

oder besser gesagt Wallwanderung – zu diesem mehr als 500 Jahre alten Seelenort unternimmt, stößt auf friedliche Ruhe. Und hat

nebenbei das Kuchenmekka auf dem Gutshof unterhalb der Kirche fast für sich alleine.

Von der Wegescheid an der Varster Straße verläuft ein Forstweg in den Wald. Immer wieder lugt das Ziel zwischen den Tannen hervor; mit ihrer grünlichen Turmspitze weist die weißgetünchte Kirche den Weg. Links geht es über einen schmalen Weg die Kophelle hinab, bis man über einen gemähten Trampelpfad die Wiese quert und einem Brachthausen zu Füßen liegt. Ein mit A1 markiertes Schild zeigt, dass man richtig ist.

Vorbei an Feldern, Pferdekoppeln und Apfelgärten gelangt man ins Dorf und passiert den St.-Nikolaus-Platz, um auf der anderen Seite des Tals wieder in den Wald zu treten. Hat

Der Einstieg in den Pfad, der von Wirme zurück zur Wegescheid führt, liegt etwas versteckt.

man die Höhe erreicht, geht es ohne große Anstrengung zum Gut Ahe, wo frische Waffeln und saftiger Obstkuchen warten. Für die süße Sünde kann man später Buße tun.

Das hat aber überhaupt keine Eile. Dem Müßiggang auf einer der Sonnenliegen am Teich folgen wenige Fußminuten über die Fahrstraße zur Kirche. Eine Bank lädt ein, die Ruhe und Stille dieses besonderen Ortes zu spüren. Die Augen zu schließen und die Gedanken kommen und ziehen zu lassen. Oder einfach einmal an gar nichts zu denken. Nach einem Blick ins Innere der Kirche mit ihrem ausladenden Barockschmuck wandert man über einen Prozessionsweg hinunter nach Wirme. Ein steiler Wiesenpfad führt zurück zum Ausgangspunkt.

FAZIT: WANDERN IST BALSAM FÜR DIE SEELE, VOR ALLEM WENN DER WEG AN EINEM KRAFT- UND SEELENORT VORBEIFÜHRT.

Hin & weg: Wanderparkplatz Wegescheid zwischen Wirme und Varste.

Beste Zeit: Im Sommer, wenn das Bauernhof-Café am Gut Ahe (www.gutahe.de) seine Außenterrasse geöffnet hat.

Dauer & Strecke: Etwa 3 Std. mit Kuchenpause sowie Zeit in und an der Kirche. Der Weg ist 7 km lang.

Ausrüstung: Turnschuhe, etwas zu trinken.

ABER BITTE MIT ERDBEEREN

... in Niederhelden im Repetal

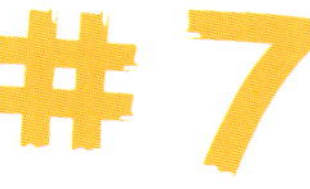

Mit der tiefroten Farbe und herzförmigen Gestalt ist sie das Symbol für Sinnlichkeit schlechthin. Es heißt sogar, sie habe eine aphrodisierende Wirkung. Sie trägt tänzelnde Namen wie Lambada, Polka oder Salsa und lässt sich von der Sonne bescheinen, bevor sie pflückreif in den Korb hüpft.

#süßesFrüchtchen #Erdbeermund #Selbstpflücker #Backenmachtglücklich

Die guten ins Töpfchen … Oder einfach direkt in den Mund. Die Naschversuchung ist definitiv groß!

→ ABSTECHER …

Der frühe Vogel fängt den Wurm – das gilt auch für die Erdbeere, denn in den Morgenstunden ist sie im wahrsten Sinne des Wortes taufrisch und am aromatischsten. Also raus aus den Federn und ab ins Erdbeerfeld! Besonders schön gelegen ist das Feld vom Hof Korte. Es befindet sich abseits einer kaum befahrenen Nebenstraße auf einem Hügel oberhalb des Dörfchens Niederhelden.

Man mag sich fragen: Wo haben sie sich bloß versteckt, die *Fragaria*, die schon bei den Menschen der Steinzeit auf dem Speiseplan standen? Auf den ersten Blick scheinen die wie mit dem Lineal gezogenen Pflanzenreihen nur aus grünem Dickicht zu bestehen. Einen zweiten oder dritten Blick zu riskieren lohnt sich ebenso wie eine sportliche Hockposition zum Pflücken einzunehmen: Die Wonneproppen hängen nämlich unter den Blättern nah am Boden.

Die Verlockung ist groß, die reifen Beeren direkt in den Mund wandern zu lassen, der saftig-süße Geschmack ist einfach eine Sünde wert. Wenn man die rotgefärbten Lippen der Mitpflücker sieht, summt man fast unweigerlich ein paar Zeilen aus »Ich bin so wild nach Deinem Erdbeermund«. Oder man erinnert sich an das dramatische Eifersuchtsgemetzel

Was gibt es im Sommer Erfrischenderes als einen fruchtig-saftigen Erdbeerkuchen? Am besten schmeckt dieser natürlich, wenn er mit Liebe selbstgemacht ist und die Früchte eigenhändig gepflückt wurden.

aus der griechischen Mythologie, in der sich die Tränen der Göttin Aphrodite mit dem Blut des Schönlings Adonis mischten und genau an dieser Stelle Erdbeeren wuchsen. Vielleicht genießt man auch nur das zufriedene Gefühl, wenn sich der Korb immer weiter füllt und man überlegt, was sich mit der frischen Ernte anstellen lässt. Die deliziösen Dinger lassen sich natürlich ohne Probleme solo vernaschen. Noch besser munden sie als Topping auf ei-

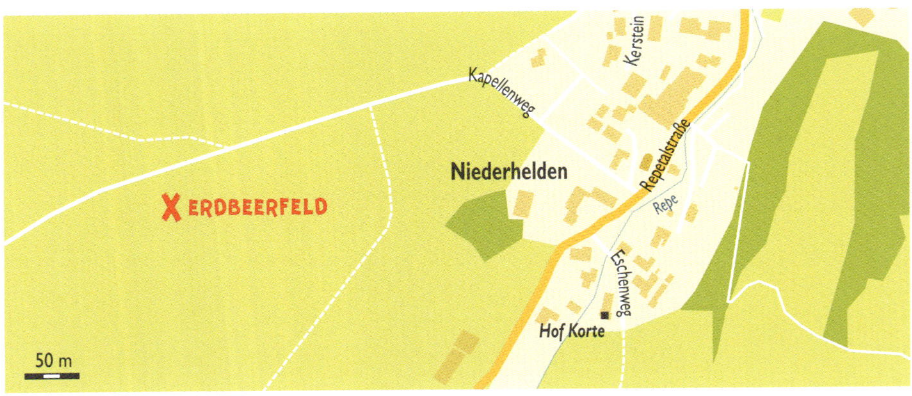

nem cremig-knusprigen Mascarpone-Mandel-Kuchen. Die Zubereitung ist kinderleicht. Den Backofen auf 180 Grad vorheizen. Für den Boden 120 Gramm Butter und 80 Gramm Zucker mit dem Mixer schaumig schlagen, dann nacheinander drei Eier untermixen. 40 Gramm Mehl mit einem halbem Päckchen Backpulver vermischen und mit 150 Gramm gemahlenen Mandeln unter die Butter-Zucker-Ei-Masse rühren. Den Teig in eine Springform geben und circa 30 Minuten backen. Für die Creme 250 Gramm Mascarpone, 250 Gramm Magerquark, 30 Gramm Zucker, vier Esslöffel Zitronensaft und ein Päckchen Vanillezucker verrühren. Einen Dreiviertel Esslöffel Agar Agar aufkochen und unterheben. Dann die Masse auf dem ausgekühlten Mandelboden verstreichen und zwei Stunden kaltstellen. Zum Schluss die halbierten Erdbeeren auf dem Kuchen verteilen.

Hin & weg: Das Erdbeerfeld vom Hof Korte liegt am Kapellenweg auf einer Anhöhe oberhalb von Niederhelden.

Beste Zeit: Juni und Juli. Vorher unbedingt die Website (www.kortehof.com) checken.

Dauer: Etwa 1 Std. für das Pflücken und 1 Std. zum Kuchenbacken ohne Wartezeit.

Ausrüstung: Körbchen für die Erdbeeren, Backzutaten.

FAZIT: SELBST ERNTEN, WAS HINTERHER AUF DEN TISCH KOMMT – DO IT YOURSELF MACHT SCHLICHTWEG GLÜCKLICH!

WENN WÜNSCHE WAHR WERDEN

… in der Ginsberger Heide auf dem Giller

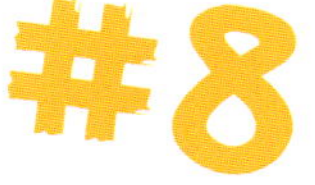

An Pfingsten verwandelt sich die Ginsberger Heide in eine illustre Showbühne – 60 000 Musik- und Theaterliebhaber pilgern dann zum internationalen Zelt-Festival KulturPur. Traumhafte Ruhe verspricht hingegen ein Spaziergang an einem ganz normalen Sommerabend, wenn allenfalls die Kröten beim Picknick quaken.

#Wunschstuhl #Moorwiese #Brotbackhaus #Balzkonzert #Gillerturm

→ ABSTECHER

Die einzige Aufgabe, die man im Lützeler Wunschstuhl hat: Träumen und Wünsche ans Universum senden.

Los geht's am Wanderparkplatz Giller. Wer mit dem Zug kommt, legt bei dem 20-minütigen Fußmarsch vom Bahnhof Lützel zunächst ein paar knackige Höhenmeter zurück, immerhin misst der auf dem Kamm des Rothaargebirges thronende Gillerberg beachtliche 653 Meter. Über einen grasigen Waldweg spaziert es sich gemütlich zur ehemaligen Sprungschanze. Wo sich 80 Jahre lang wagemutige Skispringer in die Tiefe stürzten, lädt heute eine Sitzgelegenheit der besonderen Art zum Innehalten ein – der Lützeler Wunschstuhl. Also: Platz nehmen, den Blick über die renaturierte Heide- und Hochmoorlandschaft schweifen lassen und einfach ein bisschen träumen. Der ein oder andere Traum geht möglicherweise sogar in Erfüllung, wenn er auf einem Blatt Papier notiert und dem Wunschfee-Briefkasten übergeben wird.

Ein Trampelpfad am Rande der Skipiste führt hinunter in die weitläufige Hochebene, auf der sich trockene Heideflächen und feuchte Moorwiesen abwechseln. Während sich Letztere im Frühling als Meer aus weißen Wattebällchen präsentieren – dann steht das Wollgras in voller Blüte –, schimmern sie im Sommer in kräftigem Rot. Da schlägt die

Heide, Moor und Magerwiesen und eine unglaubliche Weite – die Ginsberger Heide ist zu jeder Jahreszeit einen Abstecher wert, ganz besonders schön ist ist es hier oben aber im Sommer.

Stunde des Sumpfblutauges. Keine Sorge, lediglich der Name klingt etwas schaurig, das seltene Gewächs ist wirklich ein toller Hingucker! Vor allem, wenn sich die Frühabendsonne über die Ginsberger Heide legt. Dann wird auch die Ruhe noch einen Tick himmlischer und man vermag sich kaum vorzustellen, dass einmal im Jahr rockige Riffs und tiefe Bässe über dieses kleine Naturparadies hinwegschallen, wenn Kultbands wie BAP, Simple Minds oder Status Quo bei KulturPur (www.kulturpur-festival.de) spielen.

Ein lauschiges Picknickplätzchen ist flugs gefunden, der Holztisch in der Wiese neben dem Backes im Handumdrehen gedeckt. So werden im Siegerland die traditionellen Backhäuser genannt, wo das Dorf früher gemeinsam Brot backte und die zu besonderen Anlässen wieder eingeheizt werden. Die letzten Sonnenstrahlen kitzeln auf der Nase und mit einem Mal, wie aus dem Nichts, startet auch schon die musikalische Untermalung für das Dinner in der Natur: Bühne frei für die Big Band der Geburtshelferkröten, die abends rund um den alten Löschteich lauthals ihre betörenden Lockrufe absetzen.

Hin & weg: Mit der Rothaar-Bahn RB93 von Richtung Siegen oder Bad Berleburg bis Bahnhof Hilchenbach-Lützel, dann 20 Min. zu Fuß bis zum Wanderparkplatz Giller.

Beste Zeit: Am schönsten an Sommerabenden.

Dauer & Strecke: 3 Std. für die knapp 3 km lange Spazierrunde, das Picknick und den Gillerturm.

Ausrüstung: Fernglas, Blatt Papier, Stift, Leckereien zum Picknicken.

Vorbei am Hotel Ginsberger Heide und dem Jugendwaldheim führt die letzte Etappe durch dichten Wald. Jetzt heißt es sich sputen und fix die Wendeltreppe des Gillerbergturms erklimmen. Bei klarem Wetter reicht die Sicht von der oberen Plattform des 1892 errichteten stählernen Konstrukts bis ins Siebengebirge und in den Taunus. Zeuge zu werden, wie die sanften Bergketten zuerst in ein zartes Rosa, später in ein dunkles Orange getaucht werden, ist einfach nur magisch.

FAZIT: WUNSCHTRÄUMEN NACHGEHEN, EINEM KRÖTENKONZERT LAUSCHEN UND DEN SONNENUNTERGANG BESTAUNEN – DAS REZEPT FÜR EINEN RELAXTEN FEIERABEND.

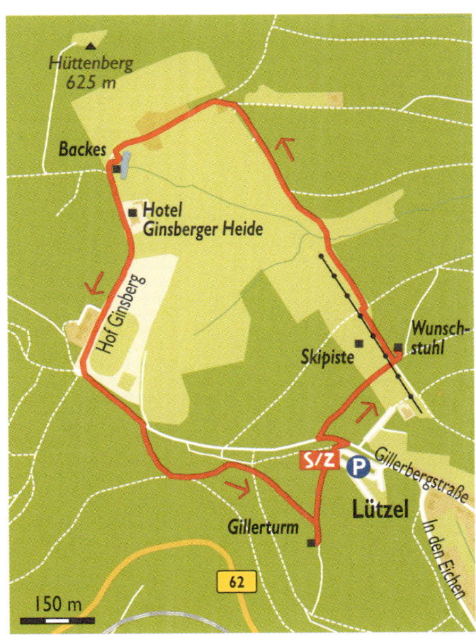

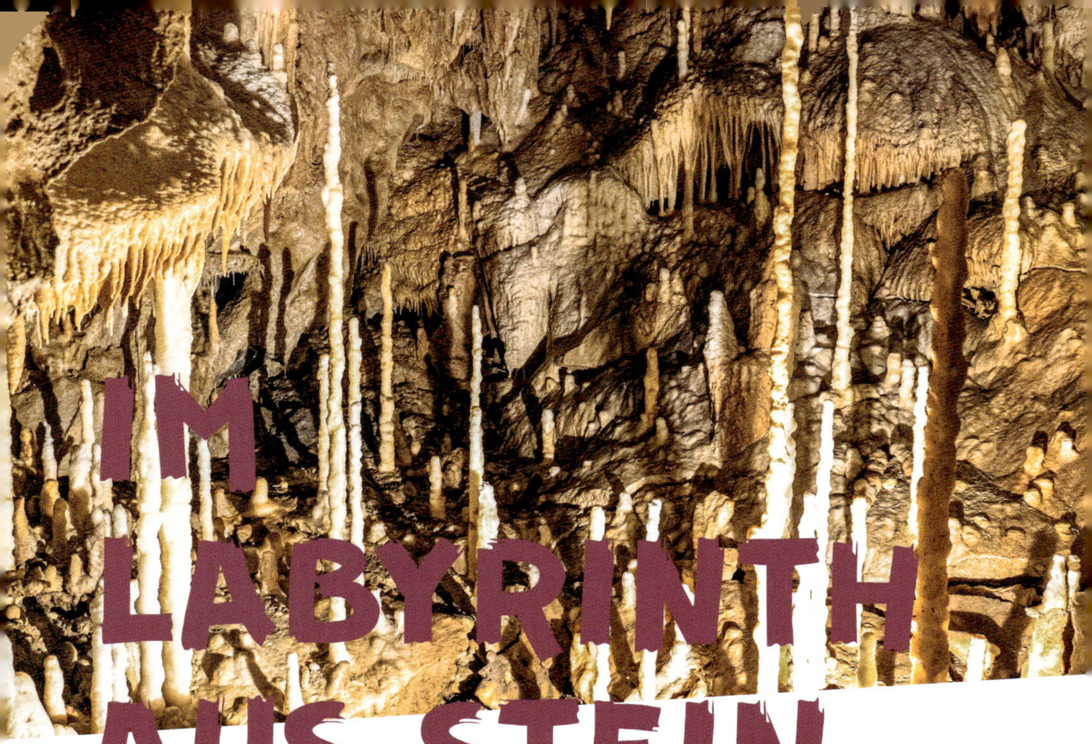

IM LABYRINTH AUS STEIN

… in der Atta-Höhle bei Attendorn

#9

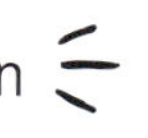

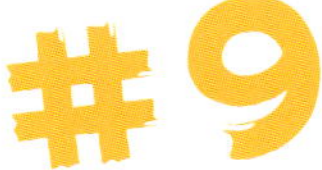

Wenn die Außentemperaturen einem Schweißperlen auf die Stirn treiben, kann man sich in die Fluten des nächsten Gewässers stürzen. Oder man steigt hinab in die Attendorner Unterwelt. Dort ist es nicht nur angenehm kühl – märchenhafte Felsgebilde regen die Fantasie an.

#Felsengrotte #Höhlenforscher #insReichderTiefe #Kalksteinkunst

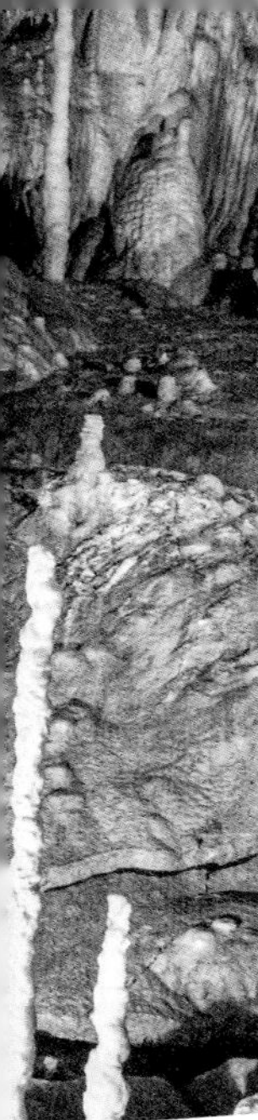

Was hat Käse mit Tropfsteinen zu tun? Die Antwort liegt in den Tiefen der Atta-Höhle verborgen.

»Sesam, öffne Dich« – wer erinnert sich nicht an die Zauberformel, mit der es Ali Baba in einer Erzählung aus »Tausendundeine Nacht« gelang, ein mächtiges Felsentor zu öffnen. Eine wahre Schatzhöhle fand er vor, gefüllt mit Edelsteinen, Goldmünzen, Seide, Stoffen und Teppichen. Die Tür zur Atta-Höhle lässt sich ganz unspektakulär mit einem Schlüssel öffnen, doch die Naturschätze in Deutschlands größter öffentlich zugänglichen Tropfsteinhöhle können auf ihre Weise locker mit den von den 40 Räubern versteckten Kostbarkeiten mithalten.

Immer weiter in die Tiefe führt der Zugangsstollen, über eine schmale Treppe geht es hinab in die Schrottenhalle. Ganz schön frisch ist es 100 Meter unter der Erde, genauer gesagt neun Grad, und das jeden Tag, zu jeder Jahreszeit. Die Luft in der Höhle ist übrigens

absolut staubfrei und noch gesünder als im Hochgebirge. Feucht ist es auch. Kein Wunder: Das Regenwasser, das seit 450 Millionen Jahren Stalagmiten, Stalaktiten und wie Gardinen aussehende Sinterfahnen aus den Kalksteindecken und -wänden wäscht, tröpfelt unerlässlich. Die glasklaren Seen und das Farbenspiel aus Gelb-, Ocker- und Orangetönen

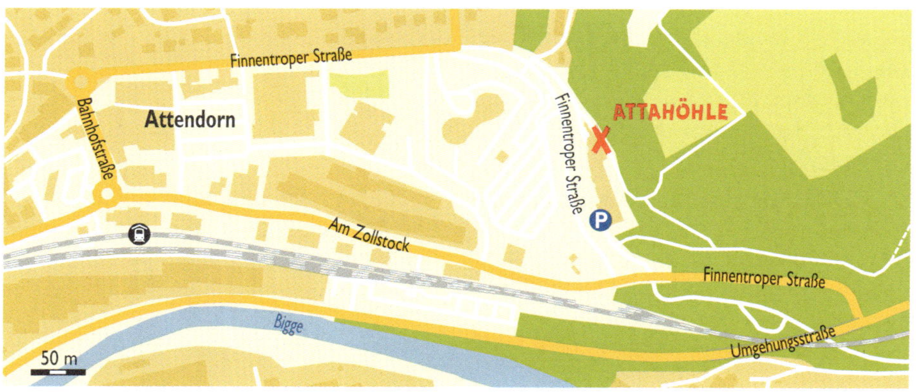

Quizfrage: Was ist das? Ein Wasserfall? Eiszapfen? Oder ein Vorhang? Jeder wird wohl etwas anderes sehen.

tun ihr Übriges zu der geheimnisvollen Aura der nach der Fürstin Atta benannten unterirdischen Wunderwelt.

Ein gutes Dutzend Grotten durchläuft man auf dem knapp zwei Kilometer langen Schauweg bei der Führung. Mit der von verschnörkelten Säulen getragenen Decke wird in der Alhambra tatsächlich ein Stückchen »Tausendundeine Nacht« wahr. Wie ein Wächter bohrt sich eine bemooste Hand aus dem vorderen Stalaktiten, zwei Finger zum Victory-Zeichen ausgestreckt. Griechisch anmutende Säulen in der Wolkenhalle, eine imposante Triumphsäule in der Ruhmeshalle, schlanke Orgelpfeifen und eine Mini-Miss-Liberty in der Orgelgrotte, Osterhasen, Hochzeitstorten, westfälische Schinken – der Fantasie des aufmerksamen Betrachters sind keine Grenzen gesetzt. In der Burgengrotte wird diese einmal mehr beflügelt. Man spaziert an Schloss Neuschwanstein und dem schiefen Turm von Pisa vorbei. Und sieht das kalkweiße Wesen in dem kleinen See nicht aus wie ein Eisbär, der versucht, nach der Sinterfahne zu greifen und sich aus dem Wasser zu hangeln? Dafür wird er jedoch viel Zeit benötigen – Tropfsteine wachsen in 100 Jahren nur etwa einen Zentimeter.

Nicht ganz so lange benötigen die 300 Käselaibe, die in einer abseitigen Grotte reifen, bis sie ihren aromatisch-würzigen Geschmack entfalten. Diesen verdanken sie der konstanten Temperatur und Luftfeuchtigkeit. Der Atta-Käse lässt sich auf Anfrage bei einem Gläschen Rotwein direkt in der Höhle oder im Höhlenrestaurant verkosten.

FAZIT: DAS WISSEN ÜBER DEN UNTERSCHIED ZWISCHEN STALAGMITEN UND STALAKTITEN AUFFRISCHEN UND DIE KREATIVITÄT DER NATUR BEWUNDERN.

Hin & weg: Fußläufig vom Bahnhof Attendorn (hier verkehrt die Zuglinie zwischen Olpe und Finnentrop), alternativ Parkplatz an der Finnentroper Str. 39.

Beste Zeit: Ganzjährig, aber perfekt im Sommer, wenn es für alles andere zu heiß ist.

Dauer: Die Führung durch die Schauhöhle dauert 40 Min. (www.atta-hoehle.de); mit Einkehr im Café Himmelreich 1–2 Std. einplanen.

Ausrüstung: Warme, wetterfeste Jacke, rutschfeste Schuhe.

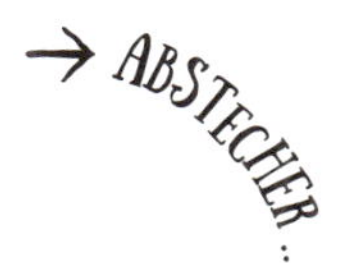

AUF DIE ROLLEN, FERTIG, LOS

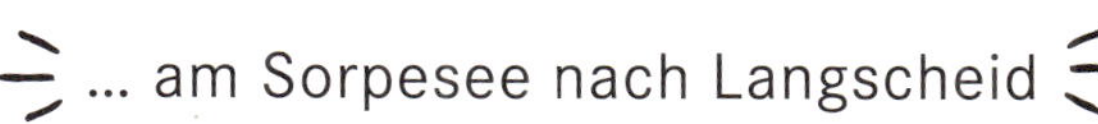

#10

Im Scherenschritt über den Asphalt gleiten, das Brummen der Rädchen spüren, welches so schrecklich-schön an den Füßen und in den Ohren kitzelt, schnittig um die Kurve sausen und die Landschaft wie ein Daumenkino vorbeiziehen sehen – Inlineskaten verursacht Gänsehaut pur!

#Inlinern #rollendamSee #Skatenistcool #Rollschuhfahren

Keep on rollin' ... Inlinern verbrennt jede Menge Kalorien und macht einfach unglaublichen Spaß.

Als John Joseph Merlin 1760 in einem Londoner Theatersaal vor den Augen der englischen Königsfamilie rollend in eine Spiegelwand krachte, ahnte niemand, dass sein Schuhwerk einmal zum Trendsportgerät avancieren würde. Und fraglos mussten mehrere Erfindergenerationen an der Weiterentwicklung der Platten mit den zwei hintereinander montierten Metallrollen tüfteln, die sich Merlin untergeschnallt hatte.

Moderne Inlineskates sind glücklicherweise mit einer Bremse bestückt; die hatte der belgische Mechaniker und Instrumentenbauer in seiner Begeisterung kurzerhand vergessen. Zwar gibt es auf dem autofreien Uferweg des Sorpesees zwischen Amecke und Langscheid keine nennenswerten Steigungen, doch spontan stoppen sollte man trotzdem können. Allein schon wegen der Spaziergänger und Radfahrer, die sich den Randweg mit den Skatern teilen.

Wer denkt, Inlineskaten sei so Neunziger – falsch. Auf acht Rollen unterwegs zu sein ist wieder voll im Trend. Natürlich kann man sich ein paar fancy Retro-Discoroller zulegen, die ebenfalls ein Comeback feiern, doch die alten Inliner zu entstauben ist völlig in Ordnung. Die Strecke entlang des Ostufers der Sorpetalsperre eignet sich auch für Anfänger. Der Asphalt ist fast durchgängig schön glatt, sodass man dem Rollspaß ohne Einschränkungen frönen kann.

Der Weg verläuft in großzügigen Kurven, die sich geschmeidig meistern lassen. Sie verraten: Der Sorpesee hat viele kleine Buchten. Immer wieder blinzelt der See zwischen den Bäumen durch, die diese reizvolle Skatingstrecke säumen. Auch wenn man am liebsten al-

---

Hin & weg: Parkplatz an der Seestraße in Amecke, von Langscheid mit dem Schiff zurück nach Amecke.

Beste Zeit: Im Sommer; es sollte vorher nicht geregnet haben.

Dauer & Strecke: Die 8,5 km schafft man locker in unter 1 Std. Mit Dampferfahrt und Cafébesuch 3 Std. einplanen.

Ausrüstung: Inlineskates, Knie- und Handgelenkschoner, Helm.

Die schmucke Uferpromenade in Langscheid wird auch »Sorpe-Boulevard« genannt. Wenn elegant flanieren mit den Inlinern nicht so klappen will – einfach eine Bank schnappen und das See-Feeling genießen.

les an einem Stück durchrollen möchte – dann und wann auf einer der Bänke mit Aussicht Platz zu nehmen muss sein. Der Damm gibt ebenfalls einen herrlichen Blick über den See frei. Angekommen in Langscheid, sollte man unbedingt ein Eis an der Promenade schlecken. Zurück in Amecke bietet sich der Heimathafen Grote (www.heimathafen-grote.de) für einen Boxenstopp an. Auf der Sonnenterrasse lässt sich der Tag wunderbar mit Blick auf das Vorbecken des Sorpesees ausklingen.

FAZIT: ROLLEND ÜBER DEN ASPHALT ZU SCHNURREN SETZT WIE BEIM JOGGEN GLÜCKSHORMONE FREI. NACH EINER RUNDE INLINERN FÜHLT MAN SICH WIE NEUGEBOREN.

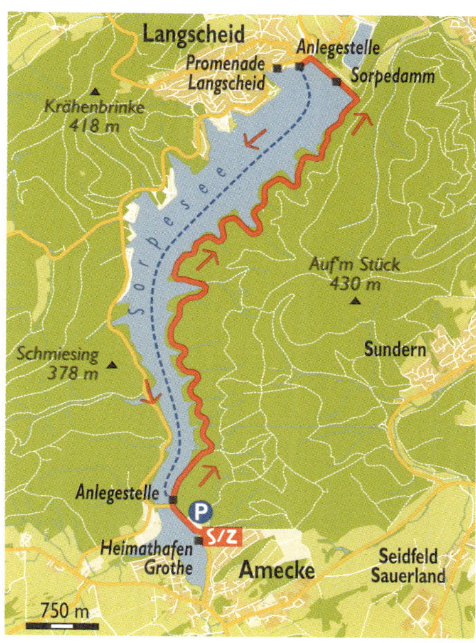

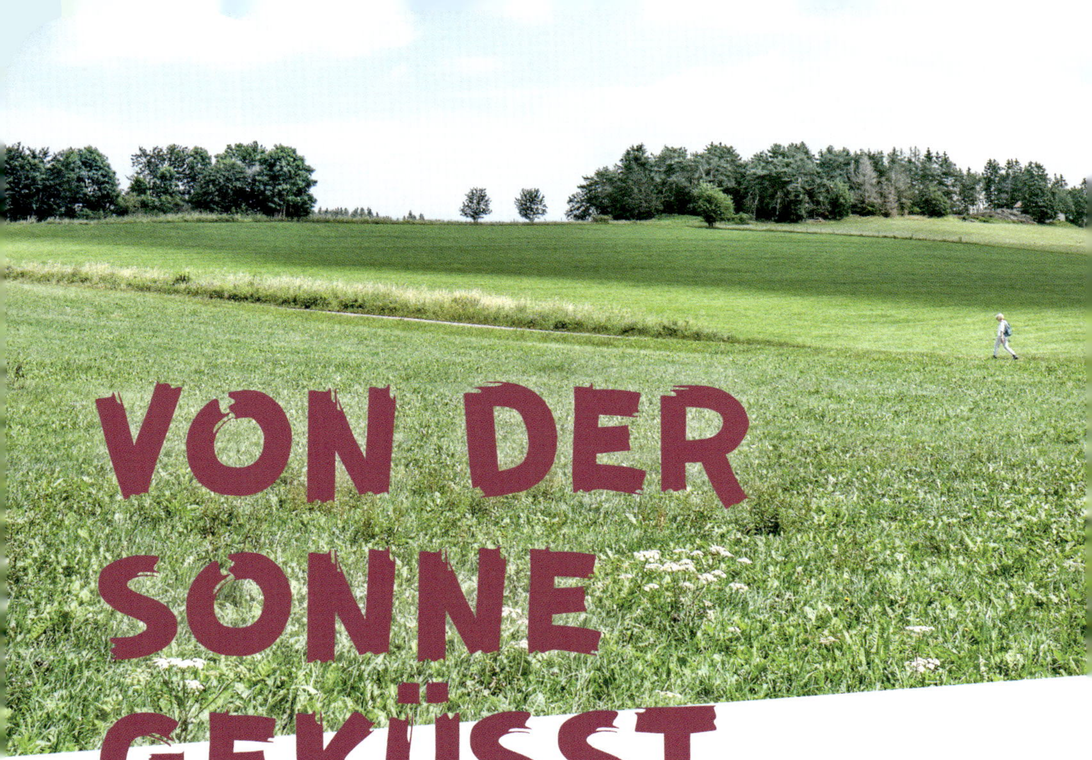

VON DER SONNE GEKÜSST

... von Küstelberg nach Deifeld

#11

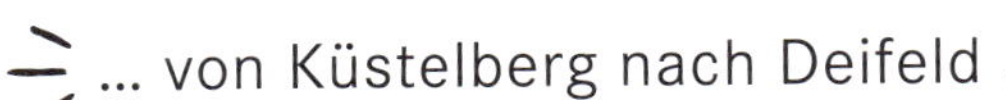

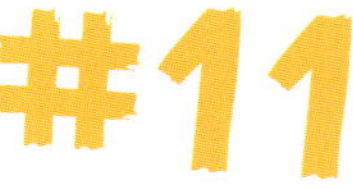

Wie Perlen an einer Schnur reihen sich die Dörfer Medebachs aneinander. Verbunden sind sie über den Medebacher Bergweg. Auf einer Länge von 64 Kilometern zieht sich dieser durch murmelnde Bachtäler, luftige Wälder und sonnige Höhen, teils auf mittelalterlichen Handels- und Pilgerwegen.

#MedebacherBergweg #MedebacherBucht #ToskanadesSauerlandes #Heidenstraße

Aufgrund der Topografie mussten für die Schmalspurbahn zwei Spitzkehren gebaut werden.

Zugegeben, in den tausend Bergen des Sauerlandes und im Rothaargebirge bleibt öfters die eine oder andere Regenwolke hängen. In dem Fall lohnt es sich besonders, das Wanderabenteuer in den nordöstlichen Zipfel des Naturparks Sauerland Rothaargebirge zu verlegen. Dank der Lage im Regenschatten des Rothaargebirges punktet die Medebacher Bucht mit mehr Sonnenstunden als jeder andere Ort in Nordrhein-Westfalen. Als Toskana des Sauerlandes wird sie daher gerühmt. Ob zu Recht, muss jeder für sich selbst entscheiden. Sanft geschwungene Hügel so weit das Auge reicht, finden sich in jedem Fall ebenso wie pittoreske mittelalterliche Örtchen, in denen die Zeit stehen geblieben zu sein scheint.

Eine nicht zu lange und nicht zu anstrengende Etappe des Medebacher Bergwegs führt von Küstelberg nach Deifeld. Wenn man auf der Bank im Hof von Haus Ewers vor dem Start für einen Moment verweilt, vermag man sich kaum vorstellen, welch ein Trubel hier einst herrschte. Als Küstelberg Vorspannstation auf der alten Handelsstraße von Leipzig nach Köln war, hieß das älteste Gebäude des 230-Seelen-Dorfs Hof Padberg und beherbergte Kauf-

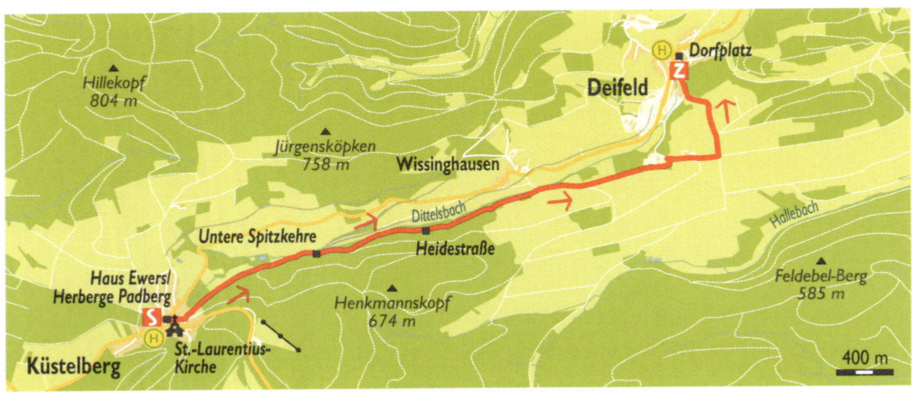

Früher der führende Rast- und Gasthof in Küstelberg, heute eine Oase der Ruhe – das Haus Ewers.

leute, Fuhrwerkler und Pferde. Selbstgebrautes Bier wird im Haus Ewers heute nicht mehr ausgeschenkt. Daher: Einen Schluck Wasser trinken, Rucksack schultern und los! Über den Steinweg und In den Siepen gelangt man auf einen Waldweg und weiter ins Dittelsbachtal. Der gleichnamige Bach ist fortan ein stetiger Begleiter, ebenso wie das Malteserkreuz, das Wanderzeichen des Medebacher Bergwegs.

An der unteren Spitzkehre weist ein Bildstock auf die Schmalspurbahn hin, die 50 Jahre lang zwischen Medebach und Steinhelle verkehrte und auf dem steilen Stück zwischen Wissinghausen und Küstelberg rückwärts den Berg hoch- und wieder herabfahren musste.

Hinter Wissinghausen öffnet sich eine weitläufige geschwungene Wiesenlandschaft. Doch in der Toskana gelandet? Am Wegesrand leuchtet es pink und lila, der Holunder blüht – die Sonne meint es wahrlich gut mit diesem Fleckchen Erde. Aufmerksame Augen entdecken auf den Wanderschildern eine blau-gelbe Strahlenmuschel. Tatsächlich waren nicht nur Handelsreisende auf der Heidenstraße unterwegs, wie der 1000 Jahre alte Handelsweg genannt wird. Der »Zubringer« zum Pilgerweg nach Santiago de Compostela verlief auch über die Höhenzüge der Medebacher Bucht. Am Meilenstein Op me Krüze teilen sich die Wege. Im Tal sind die Dächer Deifelds zu erkennen, und auf dem Marktplatz mit den historischen Fachwerkhäusern wartet vor dem Rückweg nach Küstelberg schon ein kühles Getränk.

FAZIT: LEICHTE, KURZE WANDERUNG, DIE BESCHWINGT UND EIN STÜCK MITTELALTERLICHE GESCHICHTE NAHEBRINGT.

Hin & weg: Von Winterberg oder Willingen mit dem Bus R48 nach Küstelberg. Start am Wanderportal in der Ortsmitte. Wer mit dem Auto anreist, fährt von Deifeld mit dem R48 zurück nach Küstelberg.

Beste Zeit: Ganzjährig. Am schönsten im Sommer.

Dauer & Strecke: 1,5 Std. für 5,5 km.

Ausrüstung: Turnschuhe mit griffiger Sohle, etwas zu trinken.

IMMER EINE HANDBREIT WASSER

… auf der Bigge ab dem Sonderner Kopf

Stinknormales Wellenreiten oder Windsurfen waren gestern, selbst eingefleischte Surf-aficionados stürzen sich inzwischen paddelnd in die Brandung. Man muss sein Stand-up-Paddleboard aber nicht direkt über die Wellen von Waikiki Beach lenken, die Biggetalsperre tut es auch.

#BiggeListertalsperre #Wassersport #Stehpaddeln #werseinBoardliebtdersteht

Vielleicht einen Moment warten, bis sich das Wellenspiel, das der weiße Dampfer der Biggeseeflotte hinterlassen hat, beruhigt hat. Das mutet zwar sanft an, kann einen allerdings aus dem Gleichgewicht bringen, bevor man dieses überhaupt gefunden hat. Die Leine zwischen Brett und Fußknöchel anlegen – Ersteres soll bei einem Plumps ins Wasser ja nicht verloren gehen –, ablegen, aufstehen und schon kann das Ku-Hoe-He'e-Nalu-Abenteuer auf dem Biggesee starten.

Ku Hoe was? Das heißt so viel wie mit einem Paddel auf einer Welle surfen und kommt aus dem Hawaiianischen. Es heißt, die frühen Surflehrer Waikikis hätten sich auf diese Weise fortbewegt, um zu den Wellen an den Riffen zu gelangen und ihre Schüler besser beobachten zu können. Nachdem stehpaddelnde Surflehrer jahrzehntelang von der Bildfläche verschwunden waren, fingen in den 2000er-Jahren mehrere Surfgrößen an, sich bei wellenmäßiger Flaute mit Ku Hoe He'e Nalu fit zu halten. Heute gibt es kaum mehr ein Gewässer, auf dem man keine Stehpaddler sichtet.

Die perfekte Welle sollte man auf der Bigge nicht erwarten, schließlich handelt es sich nicht um den Pazifischen Ozean, sondern »nur« um eine Talsperre, wenn auch um die

zweitgrößte Nordrhein-Westfalens. Aber das tut dem Vergnügen mit dem Stand-up-Paddleboard keinen Abbruch, im Gegenteil. Es gibt an einem heißen Sommernachmittag nichts Schöneres, als sich für ein, zwei Stündchen aus dem Trubel am Badestrand auszuklinken und stehend der Sonne entgegenzuschippern. Dafür sticht man vom Sonderner Kopf

Hin & weg: Von Olpe oder Finnentrop mit dem RB92 bis Sondern und dann 10–15 Gehminuten zum Sonderner Kopf. Alternativ Parkplatz Am Sonderner Kopf.

Beste Zeit: Im Hochsommer am späten Nachmittag, wenn das Licht immer weicher wird.

Dauer: Bei NamaSteg (www.namasteg.de) kann man Boards für 1, 2,5 und 4 Std. ausleihen. Ideal ist 1 Std.

Ausrüstung: Badekleidung, Surfschuhe, Drybag, Sonnencreme, Actioncam, Handtuch.

Richtung Süden in See. Mit kräftigen Schlägen geht es weg vom Ufer. Schnell ist der Rhythmus gefunden, und irgendwann ist nur das gleichmäßige Eintauchen des Paddels zu hören. Sachte gleitet das SUP-Board über das dunkelblau schimmernde Wasser, immer Richtung Brücke.

Hinter dieser befindet sich ein herrlich ruhiger, bewaldeter Seitenarm, der sich bis Kessenhammer perfekt befahren lässt. Falls die Arme nach einer Pause schreien: Einfach auf das Brett setzen oder legen und sich ein bisschen hin und her schaukeln lassen. Paddel festklemmen nicht vergessen!

Bevor der Rückweg angetreten wird, ist nochmal sportlicher Einsatz gefragt. Wem die hawaiianische Wende zu waghalsig ist – dafür drückt man das hintere Ende des Boards mit

Stand-up-Paddling hat etwas Meditatives. Man ist mitten in der Natur und ganz bei sich. Die gleichmäßige Paddelbewegung und das Geräusch des Wassers lassen einen rasch runterkommen.

dem Fuß nach unten und sticht das Paddel mit schnellen Bewegungen ins Wasser – nutzt das Wendemanöver einfach für einen erfrischenden Sprung ins Wasser und rückt das SUP-Brett vor dem Hinaufklettern in die richtige Richtung.

FAZIT: SCHNELL ERLERNBARES GANZKÖRPER-WORKOUT, DAS EINEN DIE NATUR RINGSHERUM AUS EINER GANZ ANDEREN PERSPEKTIVE ENTDECKEN LÄSST.

EINE KLEINE KNEIPPEN-TOUR

#13

Im Storchenschritt durch eiskaltes Wasser zu staksen ist die wohl bekannteste Anwendung aus den Lehren von Sebastian Kneipp. Ein wahrer Frischekick, der den Kreislauf in Schwung bringt und müden Beinen bei einer Gipfeltour neue Energie einhaucht.

#eiskalteintauchen #wieeinStorchimWasser #Gipfelerklimmen

Fernsehen im heimischen Wohnzimmer ist out, Fernsichten vom Gipfelkreuz des Olsbergs sind in!

Kneippen hat in Olsberg Tradition. Seit 1895 strömen Fans von Wasserkuren in das Städtchen in den nördlichen Ausläufern des Rothaargebirges. Damals hat man sich in einer »Kaltwasserheilanstalt« mit allen Wassern gewaschen. Heute bietet der 40 Kilometer lange Olsberger Kneippweg Gelegenheit, sich von der belebenden Kombination aus Wasser und Bewegung zu überzeugen. Das Filetstück des Wanderwegs rund um Olsberg ist die Etappe zum Gipfel des gleichnamigen Hausbergs.

Kaffee und Wärmflaschen waren dem Allgäuer Kräuterpfarrer und Wasserdoktor Kneipp ebenso suspekt wie feste Schuhe; diese bezeichnete er als »Verkrümmungsmaschinen«. Wer seinen Füßen Freiheit gönnen möchte, legt einfach einen Teil der Gipfeltour barfuß zurück. Dafür bietet sich der obere Teil des Klippenpfads an, der sich naturbelassen zwischen hochgewachsenen Buchen und dichten Büschen steil zur Luisenquelle schlängelt.

Sollten die Fußsohlen rebellieren, immer daran denken: Ohne Schuhe zu laufen macht starke Muskeln!

Hin & weg: Parkplatz am Wanderportal Am Olsberg oberhalb der Hasleyhütte nahe der B480 und L743.

Beste Zeit: Im Sommer. Eignet sich auch als Sonnenuntergangstour.

Dauer & Strecke: 2,5 Std. für 6 km inklusive Kneippen und Panoramapause auf dem Waldsofa am Gipfelkreuz.

Ausrüstung: Wanderschuhe, dicke Socken, etwas zu trinken.

Die Gipfeletappe des Olsberger Kneippwegs führt einen in großen Teilen über naturnahe, verschlungene Pfade. Der Gipfel selbst punktet mit phänomenalen Panoramaaussichten. Platz nehmen bitte!

An der Luisenquelle angekommen, ist man somit direkt bereit zum Wassertreten à la Kneipp. Eine Tafel gibt Instruktionen zur korrekten Durchführung: In das Becken steigen, ein Bein komplett herausheben, Fußspitzen nach unten spreizen, ins Wasser tauchen, nächstes Bein. Sieht man dabei aus wie ein Storch im Wasser, hat man alles richtig gemacht. Da es sich um eine natürliche Tretstelle ohne Geländer handelt und der Boden recht glitschig ist, lässt sich das Ganze auch etwas abwandeln. Der Effekt ist derselbe. Sind die schockgefrorenen Füße wieder eingepackt und die ersten Schritte zurückgelegt, macht sich ein wohlig-warmes Gefühl breit.

Dermaßen revitalisiert, sind die verbleibenden Höhenmeter ein Klacks. Am Gipfelkreuz dreht man sich am besten einmal im Kreis, denn der 703 Meter hohe Hausberg der Olsberger wartet mit einem 360-Grad-Panorama auf.

Gen Norden reicht der Blick über das Tal der jungen Ruhr bis ins Paderborner Land, im Südosten lassen sich die Bruchhauser Steine ausmachen. Zurück geht es dann auf der anderen Seite des Berges. Das weiße K auf schwarzem Grund führt über urige Pfade bis zum Kurterrainweg und von dort zum Ausgangspunkt.

FAZIT: WANDERN UND WASSERTRETEN – DER IDEALE MIX, UM DEN ENERGIESPEICHER AUFZUFÜLLEN.

ABTAUCHEN IM WALD

... beim Mühlenteich in Grafschaft

#14

In Japan gibt es den Waldspaziergang auf Rezept. Shinrin yoku, *das »Baden im Wald«, ist im Land der aufgehenden Sonne eine anerkannte Therapie. Gestresste Städter finden auch im baumreichen Sauerland beste Voraussetzungen, die wohltuende Wirkung des achtsamen Aufenthalts im Wald hautnah zu erleben.*

#Waldbaden #TauchganginsGrüne #mitallenSinnen #achtsamimWald

Die Umgebung ganz achtsam und bewusst erleben ist das Grundprinzip beim Waldbaden.

→ ABSTECHER …

Heute schon einen Baum umarmt? Klingt esoterisch, ist es aber nicht. Genauso wenig wie die Tatsache, dass Bäume miteinander sprechen. Die Botenstoffe, die sie für die Kommunikation untereinander verströmen, haben nachweislich sogar eine beruhigende Wirkung. Kein Wunder also, dass man sich nach einem Waldspaziergang so ausgeglichen fühlt. Wer die Siebenmeilenstiefel zu Hause lässt und sich stattdessen bewusst auf die Begegnung mit der Wunderwelt namens Wald einlässt, wird einmal mehr belohnt: Körper und Geist schalten nicht nur einen, sondern zwei Gänge herunter in den wohligen Modus der Tiefenentspannung.

Am besten sucht man sich ein Waldstück, wo möglichst wenige Menschen unterwegs sind. An einem Morgen, an dem sich der Frühnebel über dem Schmallenberger Sauerland nicht so recht verziehen mag, stehen die Chancen dafür selbst bei einem ortsnahen Spazierweg wie dem vom Kloster Grafschaft über den Mühlenteich gut.

Vom Kloster folgt man dem Klosterweg-Schild, später dem Wanderzeichen G1. Erst einmal ankommen, die Lungen mit der frischen, klaren Luft füllen. Spüren, wie allein dadurch der Alltag Stück für Stück kleiner wird. Den Blick streifen lassen. An den ge-

schwungenen Gräsern am Wegesrand hängen bleiben, auf die dicken Wassertropfen in den haarfeinen Taunetzen scharf stellen, die sich neben dem feucht glänzenden Pilz gebildet haben. Welch großartige Kleinigkeiten die Natur doch hervorbringt.

Wie sich wohl das Moos anfühlt, das wie ein Sitzkissen auf dem Baumstumpf liegt? Die Rinde der mächtigen Buche? Die Tannenzapfen, die der Wind auf dem Teppich aus Moos verteilt hat? Um dies herauszufinden, bewegt man sich behutsam am Rande des bewaldeten Hangs zur Linken des Forstwegs vorwärts. Zieht Schuhe und Strümpfe aus und bohrt die Zehen tief in das weiche, feuchte Moos. Ertastet die Struktur der Bucheckern. Lässt die fedrig-leichten Blätter des Farns durch die Finger gleiten. Saugt die erdige Luft ein. Vielleicht ist jetzt sogar der Zeitpunkt gekommen, einen Baum zu umarmen.

Beim Waldbaden geht es nicht darum, möglichst viele Kilometer zurückzulegen. Man schlendert, bleibt immer wieder stehen, setzt sich hin. Etwa auf das Moosbett vor dem Fels-

---

Hin & weg: Parkplatz gegenüber dem Wanderportal Grafschaft Ortsmitte im Schmallenberger Ortsteil Grafschaft.

Beste Zeit: Im Sommer, wenn kein Schwimmwetter ist; bei bedecktem Himmel waldbadet es sich besonders bedacht.

Dauer & Strecke: 3 Std. für bewusstes Erleben und Eintauchen auf der 4,5 km langen Strecke.

Ausrüstung: Kleines Handtuch, Unterlage zum Sitzen, Wasser.

Dass man sich im ersten Moment etwas seltsam vorkommt, wenn man einen Baum in den Arm nimmt, ist ganz normal. Fühlt sich aber wirklich gut an und ist erwiesenermaßen gesund und stressreduzierend.

vorsprung, kurz bevor man den Mühlenteich erreicht. Ein perfekter Platz für eine Meditation. Oder um der Symphonie des Waldes zu lauschen, das Gurgeln der Bäche wahrzunehmen.

Ein Klangerlebnis der besonderen Art wartet an den Fischteichen, bevor man den Wald wieder verlässt. Hier umhüllen einen melodische Töne, die die Stelen aus Kupfer und Stahl erzeugen. Ein passender Abschluss für ein wohltuendes Bad im Wald.

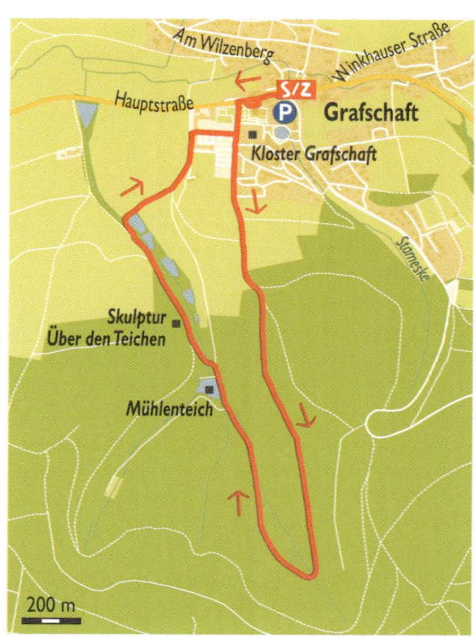

FAZIT: HANDY AUS UND VOM ALLTAG ABSCHALTEN: DEN WALD BEWUSST WAHRNEHMEN IST SEELENSTREICHLER UND KRAFTTANKSTELLE IN EINEM.

SATTELT DIE HÜHNER, RADELT LOS

#15

Auf dem Rothaarkamm über dem Netpher Land entspringen drei Flüsse – Sieg, Eder und Lahn. Es würde einen nicht wundern, wenn einem im Quellgebiet an der Eisenstraße ein Dilldappe vor das Fahrrad springt. Der Appetit auf Duffeln lockt das scheue Fabeltier zuweilen auch am Tag aus dem Wald.

Die letzte Etappe vom Forsthaus Hohenroth hinunter zur Obernautalsperre fährt sich fast von alleine.

Der Siegerländer Dilldappe sieht aus wie eine Mischung aus Hamster und Nashorn und legt viel Wert auf den akkuraten Sitz seiner Irokesenfrisur. Er lebt im Hauberg und liebt Kartoffeln, die er dem Bauer vom Feld oder aus dem Keller mopst und mit der Zunge raspelt. Apropos Zunge: Mit dieser kann der Dilldappe hervorragend das Siegerländer »rrrrrrr« rollen.

Eigentlich müsste der Netpher Radring mit dem wolligen Fabelwesen gekennzeichnet sein. Nirgendwo hat man das Gefühl, dem knollennasigen Dilldappen so nah zu sein wie in den Dörfern und Wäldern zwischen Netphen und dem Dreiquellengebiet. Doch der radelnde Keiler, der einem auf der Fahrradtour von Netphen über Deuz, Salchendorf, Helgersdorf, Werthenbach, Irmgarteichen, Hainchen, Lahnhof und Brauersdorf den Weg weist, ist auch ganz possierlich.

Aufgesattelt wird am historischen Marktplatz in Netphen. Entlang der Sieg radelt man durch die Wiesen des Auenwalds bis nach Deuz, wo man am alten Bahnhof den Nachbau des ersten motorisierten Omnibusses der Welt bestaunen kann. Hinter Salchendorf führt der Radweg zum Teil durch den Wald, aber zumeist durch offene Wiesen und Fel-

Hin & weg: Von Siegen mit dem Bus (R16 oder R27) bis zum Rathaus in Netphen. Los geht's am Marktplatz, wo man bei Anfahrt mit dem Auto auch parken kann.

Beste Zeit: Im goldenen Herbst. Auch im Frühling und Sommer empfehlenswert.

Dauer & Strecke: Die reine Fahrzeit für die knapp 36 km liegt bei 3 Std.

Ausrüstung: Radhelm, Radhandschuhe, Trinkflasche, Proviant.

Der Netpher Radring ist landschaftlich, kulinarisch und kulturell reizvoll. Lauschige Plätze für kleine, leckere Pausen findet man am Rande der Strecke ebenso wie Rückblicke in die Bahngeschichte.

der oberhalb der Ortschaften. Auf der Bank unter der mächtigen Eiche an der Wegkreuzung hinter Hainchen heißt es nochmal Kräfte sammeln, denn jetzt geht es bis Lahnhof knackig bergan. Die Waffel mit heißen Kirschen und Sahne im Forsthaus Lahnquelle (www.forsthaus-lahnquelle.de) hat man sich dann redlich verdient. Der Name des Lokals ist Programm: Direkt hinter dem Haus befindet sich besagte Quelle.

Der weitere Weg folgt der Eisenstraße, einer alten Handelsroute, über die früher Roheisen vom Siegerland ins Wittgenstein transportiert wurde. Hier werden erneut die Waden gefordert; die Strecke gleicht einer Berg- und Talbahn. Den Durst löscht man mit frischem Quellwasser an der Siegquelle, bevor man links zum Forsthaus Hohenroth (www.waldland-hohenroth.de) abbiegt. Die Försterei beherbergt ein Waldinformationszentrum, ein Wildgehege und das Café Waldland, das am Wochenende hungrige Radfahrer und Wanderer verköstigt.

Durch den im Herbst schillernd-bunt gefärbten Buchenwald rollt man dann hinunter zur Obernautalsperre. Entlang des Ufers der größten Trinkwassertalsperre des Siegerlands fährt man bis zur Staumauer und hinab nach Brauersdorf. Von dort führt ein Radweg am Waldrand zurück nach Netphen.

FAZIT: ABWECHSLUNGS-, WASSER- UND WALDREICHE FAHRRADTOUR ENTLANG DER NETPHER DÖRFER MIT EINIGEN STEIGUNGEN, DIE SICH ABER GUT BEWÄLTIGEN LASSEN.

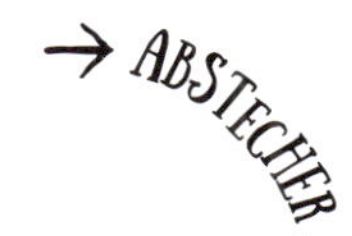

HERBST-GEFLÜSTER AM STILLEN

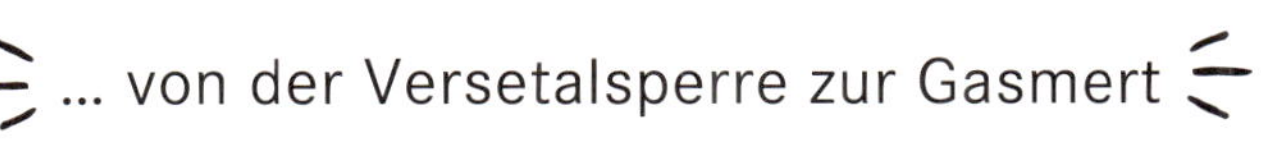

Das Sauerland ist nicht nur das Land der tausend Berge, sondern auch der Talsperren. Abseits bekannter Stauseen wie Bigge, Sorpe und Hennesee wartet eine ganze Reihe weniger bekannte Wasserperlen darauf, erkundet zu werden. Etwa die Versetalsperre in den nordwestlichen Ausläufern des Ebbegebirges.

Lichtstrahlen, die sich zart von oben ihren Weg suchen – manchmal wirkt Wald fast wie eine Kathedrale.

Die Verse, wie sie von den Einheimischen abgekürzt wird, ist die größte Talsperre im Märkischen Kreis. Sie staut den gleichnamigen Fluss, der bei Meinerzhagen entspringt und bei Werdohl in die Lenne mündet. Baden, Schwimmen oder Bootfahren kann man auf ihr nicht, dafür lässt sie sich auf einem Uferweg umrunden. Panoramablicke satt halten die umliegenden Bergrücken parat. Am besten kombiniert man beides; auf der Ostseite bieten sich der autofreie Randweg und die Gasmert an.

Hin & weg: Mit dem Bus 54 von Lüdenscheid, Herscheid oder Plettenberg bis Haltestelle Versetalsperre an der L561; hier gibt es auch einen Wanderparkplatz.

Beste Zeit: Im Herbst. Oder im Spätsommer, wenn auf der Gasmert die Heide blüht.

Dauer & Strecke: Knapp 3 Std. Gehzeit für 11,5 km.

Ausrüstung: Turnschuhe, kleiner Rucksack mit Snacks und Wasser.

Gestartet wird an der Staumauer südlich von Treckinghausen. So sehr man die Augen zusammenkneift – Häuserdächer ragen nirgends aus dem Wasser. Nur bei sehr niedrigem Wasserstand tauchen die Dörfer, die beim Bau der Talsperre weichen mussten, wieder auf. Stattdessen fällt einem auf, wie sich langsam, aber sicher die Farbpalette des Herbstes in das Sommergrün der Laubbäume mischt. Auf dem Asphalt sammeln sich gar die ersten gelblichen, rötlichen und bräunlichen Blätter. Das glatte Wasser spiegelt die bunte Pracht. Selbst ein etwas trüber Herbsttag erhält so eine Portion Farbe.

Fast noch schöner ist dieses Farbenspiel von oben. Dazu biegt man nach etwa fünf Kilometern links vom Uferweg ab. Während des leichten Anstiegs sollte man sich immer wieder umdrehen, um die Premium-Verse-Aussichten nicht zu verpassen.

Über einen Wiesenweg geht es nach Nieder-Holte. Gestärkt mit einem Holter Sturmsack – dahinter verbirgt sich ein mit Kirschen und Sahne gefüllter Windbeutel – im Café Vedder (restaurant-vedder.de) ist man gewappnet für den Weg auf die Kuppe der Gasmert. Im gleichnamigen Weiler, hier mündet der Wan-

Wo heute die Klamer Brücke über die Versetalsperre führt, war einst das Dörfchen Klame zu finden.

derweg A1 auf die Straße, empfiehlt sich ein Abstecher zum Bauernhof der Bühners (www.bauernhofbuehner.de). Wer im Hofladen dem Gasmerter Höhenkäse nicht widerstehen kann und nun eine Einkaufstasche zu tragen hat – jetzt geht es nur noch bergab. Auf naturbelassenen Pfaden wandert man in großen Bögen durch den Wald in Richtung Wasser. Hört man ein Plätschern, ist das ein gutes Zeichen: Das zu überquerende Bächlein Dusmecke mündet in die Verse. Schon ist man zurück auf altbekanntem Terrain.

FAZIT: STILLE WASSER SIND TIEF. AUCH WENIGER BEKANNTE TALSPERREN LOHNEN EINEN BESUCH. BESTNOTEN GIBT ES FÜR NATURGENUSS UND AUSBLICK.

TRINK
Coca-Cola

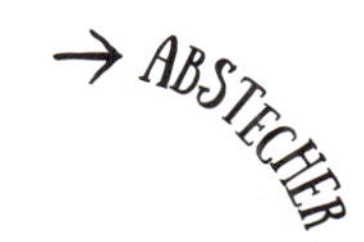

AUF DEM DRAHTSEIL TANZEN

#17

Ein Quäntchen Mut braucht es in der Tat, um in luftiger Höhe auf schaukeligen Bierbänken zu balancieren, über elastische Seile zu tippeln oder in einem Affenzahn von Baum zu Baum zu brausen. Bei einer Kletterpartie im Wald ist eine Portion Abenteuer nebst Nervenkitzel inklusive.

Es ist noch kein Meister vom Himmel gefallen, deshalb fangen auch künftige Kletterasse klein an, das heißt im Trainingsparcours. Davon hat der Kletterwald Winterberg (www.erlebnisbergkappe.de > Familie und Kinder > Kletterwald) zwei. Auf einem Balancierbalken und einer Leiterbrücke kann man seinen Gleichgewichtssinn verhältnismäßig bodennah auf den Prüfstand stellen und sich mit dem Klettergeschirr vertraut machen. Sollte der Puls beim Anblick der wackeligen Wippen oder der Brücken aus Sommerrodel, Skiern und Snowboards kurz-

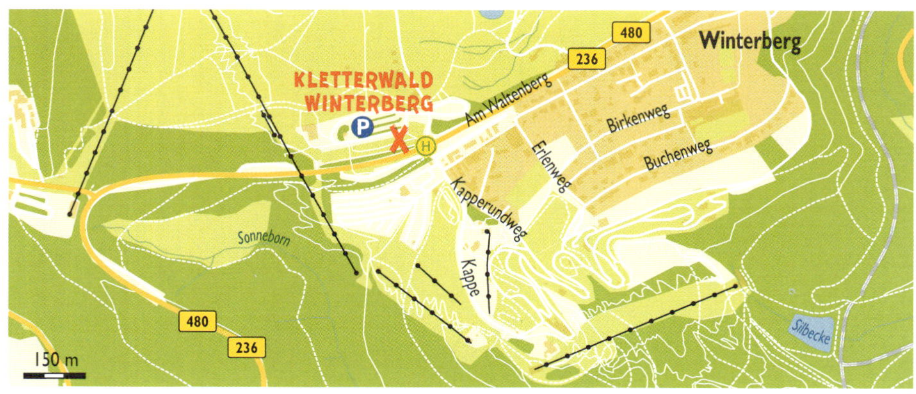

Der Kletterpark in Winterberg hat für alle Könnensstufen den passenden Parcours im Angebot.

zeitig in die Höhe schnellen – tief durchatmen, der Sportparcours steht erst zum Schluss auf dem Programm.

Zuvor kann man Mut und Geschick auf vier anderen Routen mit unterschiedlichen Schwierigkeitsgraden beweisen. Dabei geht es sukzessive höher hinaus. Wer im Schwimmbad schon einmal vom Dreier oder Fünfer gesprungen ist – auf dieser Höhe liegen auch die Elemente des Einsteiger-Parcours. Im Fun-Parcours klettert es sich dann schon auf bis zu sieben Meter über dem Boden, im Erlebnis-Parcours auf bis zu neun Meter. Der Abenteuer-Parcours katapultiert einen schließlich auf sechs bis zwölf Meter. Mit fünf bis elf Metern ist der Sportparcours zwar einen Tick niedriger, dafür etwas anspruchsvoller.

Hat man die Leiter zur ersten Plattform erklommen, fühlt es sich dann doch abenteuerlicher an als auf dem Sprungturm im Freibad zu stehen. Ein Schwimmbecken als »Netz und doppelten Boden« gibt es im Kletterwald natürlich nicht. Dafür aber ein ausgeklügeltes Sicherheitssystem, mit dem man allenfalls im wahrsten Sinne des Wortes in den Seilen hängt, sollte man einmal aus dem Gleichgewicht geraten. Doch auch wenn die zu überwindenden Rammböcke, Rundhölzer, Rutschen, Reifen, Pflöcke, Stühle und Getränkekisten beim Betreten gehörig schwanken und einem mitunter einen kleinen Spagat und andere akrobatische Übungen abverlangen, merkt man sehr schnell: Das Ganze sieht wilder aus, als es ist. Spätestens, wenn man im Sturzflug an einer der Seilbahnen durch die Lüfte saust, hört man sich selbst »Noch eine Runde!« rufen.

Hin & weg: Vom Bahnhof Winterberg mit dem Bus S40 bis VELTINS-EisArena. Mit dem Auto zum Parkplatz Erlebnisberg Kappe.

Beste Zeit: April–Oktober, ansonsten ist der Kletterwald geschlossen.

Dauer: Pro Kletterslot darf man sich bis zu 3,5 Std. austoben.

Ausrüstung: Bequeme, nicht zu weite Kleidung, Turnschuhe. Rucksack im Auto lassen, Jacken- und Hosentaschen sollten leer sein.

FAZIT: EIN KLITZEKLEINES MULMIGES GEFÜHL GEHÖRT DAZU. NACH BEWÄLTIGEN DER GUT 60 ELEMENTE GERÄT MAN UNWEIGERLICH IN EINEN KLETTERRAUSCH.

KUNST-WANDELN IM WALD

… auf dem KulturFlecken-Weg in Freudenberg

Der Himmel hängt tief und zeigt sich in 50 shades of grey? *Dann kann man sich unter einer Decke auf dem Sofa verstecken. Oder endlich mal wieder ins Museum gehen. Besser noch: Eine Thermosflasche Tee in den Rucksack packen und den Kulturgenuss in die freie Natur verlagern.*

#Kulturtanken #Waldkunst #Skulpturen #Fachwerk

Kein normaler Hochsitz für Tierbeobachtungen, sondern Kunst: die Skulptur »Über dem Wind«

Ist das Kunst oder kann das weg? Zugegeben, bei dem einen oder anderen der 17 Objekte auf dem KulturFlecken-Weg (www.kulturflecken.de), der an der Burgstraße unterhalb der Freudenberger Altstadt beginnt, mag dem Betrachter dieser Spruch in den Sinn kommen. Das hat man allerdings auch über die Werke von Andy Warhol gesagt, und der wurde schließlich weltberühmt. Daher: Einfach eine Portion Neugierde mitbringen und sich bei dieser kunstvollen Waldwanderung überraschen lassen. Sie führt über die Friedenshortstraße in den Flecker Wald Richtung Hohenhain und über die Alte Schanze zurück nach Freudenberg.

Kaum losmarschiert, heißt es gleich wieder stopp. Das Hinweisschild verrät: Bei dem vor dem Friedenshort auf dem Rasen liegenden Herrn aus Holz handelt es sich um das Kunstwerk »Mann im Baum«. Was es mit diesem auf sich hat, erklärt der Künstler selbst, denn über den QR-Code öffnet sich eine Audiodatei. Vorbei an einer Frau mit Kind – die Skulptur steht für Multitasking – geht es ab in den Wald.

Am Ufer des Teichs warten blaue Stahlfische und ein gelber Fisch, der als einziger in eine andere Richtung schaut. An Ästen wippen runde Baumscheiben mit ungewöhnlichen Wortkreationen. Texte auf sich im Wind drehenden Alutafeln laden zu einer poetisch-philosophischen Reise ein. Die zwei ineinander verschlungenen Hochsitze, die aussehen,

Die Freudenberger Altstadt weiß sich in Szene zu setzen. Den besten Blick hat man vom Bürgerpark.

als würden sie gleich zusammenfallen, haben ebenso eine Geschichte zu erzählen wie die Porträtfotos aus privaten Alben hoch oben im Geäst der Buchen. Wer sich darauf einlässt, hat auf dem KulturFlecken-Weg viele Möglichkeiten, seiner Fantasie freien Lauf zu lassen.

Der Flecker Wald gehört übrigens zum Naturschutzgebiet Seelbachs- und Eulenbruchswald und ist selbst im Winter, wenn die Bäume ihre Blätter abgeworfen haben und der Schnee auf sich warten lässt, ein besonderer Ort. Man ist ständig versucht, mit den Fingern über das dicke Mooskleid der Baumstämme zu fahren, ein herrlich-plüschiges Gefühl!

Die Flauschidylle wird kurz unterbrochen, wenn man am Ortseingang von Hohenhain die Kreisstraße überqueren muss. Hier weiter den roten Schildern mit dem silbernen Stern folgen. Über zwei historische Hohlwege und eine alte Schanzenanlage, von der im Mittelalter die Straße von Siegen nach Köln kontrolliert wurde, spaziert man zurück in den Ort.

Oben im Kurpark wartet neben der Skulptur »Auf dem Weg« noch ein wahres Sahnehäubchen: Ein Panoramablick über die Fachwerkhausskyline der wohl bekanntesten und vielleicht sogar hübschesten Altstadt Südwestfalens. Dank des pittoresken Ensembles aus gut 80 weißen Häuschen mit schwarzen Balken und Schieferdächern ist der Alte Flecken in Freudenberg zu einer internationalen Berühmtheit geworden, die sich bei einem Bummel durch die Marktstraße, Unter- und Mittelstraße und Poststraße inspizieren lässt.

FAZIT: KUNST UND KULTUR MITTEN IM WALD. HIER WERDEN SELBST MUSEUMSMUFFEL BEKEHRT.

Hin & weg: Von Siegen mit dem Bus R38 zum Morer Platz in Freudenberg, alternativ Parkplatz P4 Hinterm Schloss.

Beste Zeit: Ganzjährig, auch bei trübem Winterwetter eine gute Idee.

Dauer & Strecke: 2 Std. für knapp 7 km. Je nach Kunstliebhaberei länger.

Ausrüstung: Thermosflasche mit Tee, Smartphone mit QR-Scanner.

EE GLÜHW
JAGERT

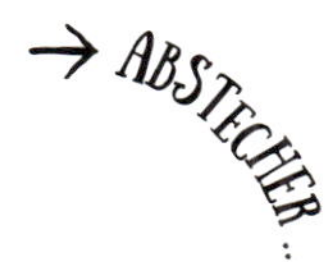

IN WEICHE WATTE GEPACKT

… von Bödefeld auf die Hunau

Sie jagen einem Schauer über den Rücken, die Gruselgeschichten, in denen jemand von Irrlichtern ins Moor gelockt wird, die Krimis, in denen der Kommissar eine Leiche aus dem Morast fischt. Alles andere als schaurig sind die Moore auf der Hunau, denen im Schnee ein ganz eigener Zauber innewohnt.

#NasseWiese #RauherBruch #Winterparadies #Gipfelglühwein

Zum Chillen im Liegestuhl braucht man weder Strand noch Sonne, das funktioniert auch im Schnee bestens!

Moore sind nicht Land, nicht Wasser und als Heimat für seltene Pflanzen und Tiere ein besonderes Geschenk der Natur. Auf der Hunau, dem Bergrücken, der sich auf einer Länge von 14 Kilometern zwischen Siedlinghausen und Bad Fredeburg erstreckt, stößt man gleich auf zwei dieser wertvollen Ökosysteme. Schon kurz nach dem Start am Wanderportal Unterm Nonnenstein kann man sich auf die kommenden Stunden in den Feuchtgebieten einstimmen, denn der Bachlauf am Wegesrand murmelt unablässig. Bis man an Höhe gewinnt und der von Biegung zu Biegung dicker werdende Schneeteppich die Geräusche des Waldes fast gänzlich verschluckt.

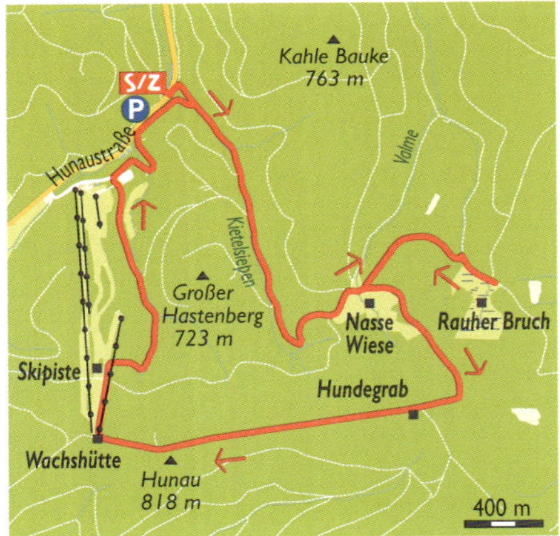

Rasch ist eine Hochebene erreicht, die Nasse Wiese. Trotz Puderzuckerkleid lässt sich erkennen, dass es sich nicht um eine x-beliebige Wiese handelt. Allerorten drückt das Moor nach oben, als braunmorastige Wassertümpelchen im glitzernd weißen Schnee auszumachen. Wer nun feststellt, dass Moore mehr schön als schaurig sind und sich dem einzigartigen Charme von Wintermooren nicht entziehen kann, macht einen Abstecher zum Rauhen Bruch, ein wie die Nasse Wiese 8000 Jahre altes Hangquellmoor. Dazu folgt man dem Weg X25. Auch hier gluckst und gluckert es inmitten der wellenförmigen Schneelandschaft.

Hin & weg: Wanderparkplatz Unterm Nonnenstein an der K19 zwischen Bödefeld und Osterwald.

Beste Zeit: Im Winter bei Schnee. Die Moore haben jedoch zu jeder Jahreszeit einen eigenen Zauber.

Dauer & Strecke: Gut 3 Std. für knapp 10 km mit Stopp an der Skihütte.

Ausrüstung: Feste Wanderstiefel, je nach Schneelage Grödeln, etwas zu trinken.

Moore sind eine Seltenheit im Sauerland, zwei dieser Schätze findet man bei einer winterlichen Wanderung auf die Hunau. Noch imposanter als die »Nasse Wiese« ist das Moor am Rauhen Bruch.

Zurück an der Nassen Wiese führt der Rundweg B4 weiter hinauf in Richtung Kamm. Lichte Buchenbäume wechseln sich ab mit hohen Fichten und dunklen Tannen, durch deren dichte Äste die Wintersonne immer wieder einen zarten Gruß schickt. Auf dem Kamm biegt man rechts ab und passiert das Grab von Isolde von der Hunau - keine Dame, wie man vielleicht vermutet, sondern eine Hündin. Ihr Besitzer, der hiesige Revierjäger, errichtete seiner treuen Gefährtin an diesem idyllischen Ort ein Denkmal.

Wie eine Allee zieht sich der Höhenweg schnurgerade hoch bis zum Gipfelkreuz der Hunau auf 818 Metern. Am Irreplatz erreicht man die Bergstation des Skigebiets Bödefeld-Hunau. Aus dem Kioskfenster der Wachshütte zieht der Duft von Glühwein. Mit dem dampfenden Getränk kann man sich gemütlich in einen Liegestuhl fläzen oder sich an der Feuertonne aufwärmen. Jedenfalls gilt es den grandiosen Ausblick auf die Bergkette, die sich hinter dem Skihang erhebt, maximal zu genießen! Skifahrern und Snowboardern juckt es wahrscheinlich in den Füßen, zu gerne würde man den Hang auf einem oder zwei Brettern heruntersausen. Ein Trost ist vielleicht, dass man ein Stück die Skipiste entlangwandert, bevor der Weg wieder in den Wald führt. Durch einen Schluchtenwald geht es, begleitet von einem Siepen, hinab ins Tal.

FAZIT: EINE AUCH BEI SCHNEE GUT MACHBARE TOUR AUF EINEN DER HÖCHSTEN BERGE NORDRHEIN-WESTFALENS, DIE MOORCHARME UND SKIHÜTTENZAUBER KOMBINIERT.

LANG LEBE DER LANGLAUF

... auf der Ruhplatzloipe in Girkhausen

#20

Langlauf ist langweilig? Pustekuchen! Das Image vom altmodischen Rentnersport ist längst passé. Zu Recht, denn auf pommesdünnen Latten durch den Schnee zu gleiten macht Spaß und hält fit. Nicht weniger als 600 Muskeln sind gefordert. Also auf in eines der schönsten Loipenreviere Südwestfalens.

#aufSpurbleiben #Loipenfieber #CrossCountrySkiing #Skatenoderklassisch

Eins, zwei, Wechselschritt oder Skaten? Auf der Steinert lässt sich beides praktizieren.

→ ABSTECHER

Die Skandinavier kommen quasi mit Langlaufski an den Füßen auf die Welt. Im schneereichen norwegischen oder finnischen Winter sind die schmalen, langen Latten das Transportmittel der Wahl, sei es für den Weg in die Schule, den Besuch beim Nachbarn oder den Einkauf im Dorf. Auch in Girkhausen hat das Langlaufen Tradition, die vom hiesigen Skiclub gehegt und gepflegt wird. Mit großer Leidenschaft für die nordische Form des Skifahrens wird jeden Winter das Loipennetz auf dem Hausberg präpariert. Etwa 30 Loipenkilometer ziehen sich über die Steinert. Dank der Höhenlage liegt hier oft noch Schnee, wenn er im Dorf längst weggeschmolzen ist. Dass sich die Loipen zwischen 690 und 740 Metern befinden, heißt aber auch: Es ist der eine oder andere Höhenmeter zurückzulegen, die ersten unmittelbar nach dem Einstieg in die Ruhplatzloipe. Die gute Nachricht: Sollte einem die zapfige Kälte gerade noch eine Gänsehaut über den Rücken jagen, wird man sich bald wünschen, eine Schicht weniger angezogen zu haben. Und wo es hinaufgeht, geht es auch wieder hinunter.

Bleibt die Frage des Stils. Beim klassischen Langlauf übernehmen zwei parallel verlaufende Spuren die Führung. Im Diagonalschritt gleitet man voran, fast so, als ob man auf

Skiern wandert. Mehr wie Schlittschuhfahren mutet das Skating an, bei dem man sich auf einer plattgewälzten Fläche vorwärtsbewegt. Ob Klassik oder Skating – in der Ruhplatzloipe wie auch in den anderen Loipen auf der Steinert ist beides möglich. Entscheidend sind das Fitnesslevel und die Ausrüstung. Zwar benötigt man für den Skating-Stil spezielle Ski und Schuhe, doch kurz aus der Spur aussteigen und ein paar Skating-Schritte ausprobie-

Die Loipen zwischen Albrechtsplatz und Girkhausen gehören zu den Top-Langlaufgebieten im Naturpark Sauerland Rothaargebirge. Sowohl Anfänger als auch Fortgeschrittene kommen hier auf ihre Kosten.

ren, ist durchaus machbar. Hat man seinen Takt gefunden, heißt es einfach nur genießen. Die weißen Atemwölkchen verschwinden im feinen Nebel, der die Höhen zwischen Albrechtsplatz und Girkhausen am frühen Morgen häufig umhüllt und sich wie ein Schleier um die Tannen am Rande der Loipe legt. Auf dem Schneeteppich ist lediglich das Schaben und Kratzen der Ski zu hören. Sollte man noch nicht genügend sportliche Hitze produziert haben, pausiert man an der Schutzhütte und trinkt ein paar Schlückchen dampfend-heißen Tee. Dabei mit jeder Zelle die beruhigende Atmosphäre des winterstillen Waldes aufnehmen und abspeichern. Mit Schwung geht es durch den hohen Fichtenwald zurück zur Skihütte, in der am Wochenende Getränke und kleine Gerichte auf die Langläufer warten.

Hin & weg: Parkplatz an der Skihütte Auf der Steinert oberhalb von Girkhausen. Einstieg auch am Wanderparkplatz Albrechtsplatz möglich.

Beste Zeit: Im Januar und Februar, vorher Loipenbericht checken (www.skiclub-girkhausen.de).

Dauer & Strecke: Gemütliche 2 Std. für die knapp 8 km einplanen, im Skating-Stil geht's schneller.

Ausrüstung: Gürteltasche für Wertsachen mit Netz für Trinkflasche, atmungsaktive Kleidung. Am Wochenende Skiverleih in der Hütte.

FAZIT: MITTELSCHWERE STRECKE, DIE SICH AUCH VON LANGLAUF-NEWBIES BEWÄLTIGEN LÄSST. FALLS ES EINEM BERGAB ZU SCHNELL WIRD – EINFACH POBREMSE BENUTZEN.

2. KAPITEL AUSFLÜGE

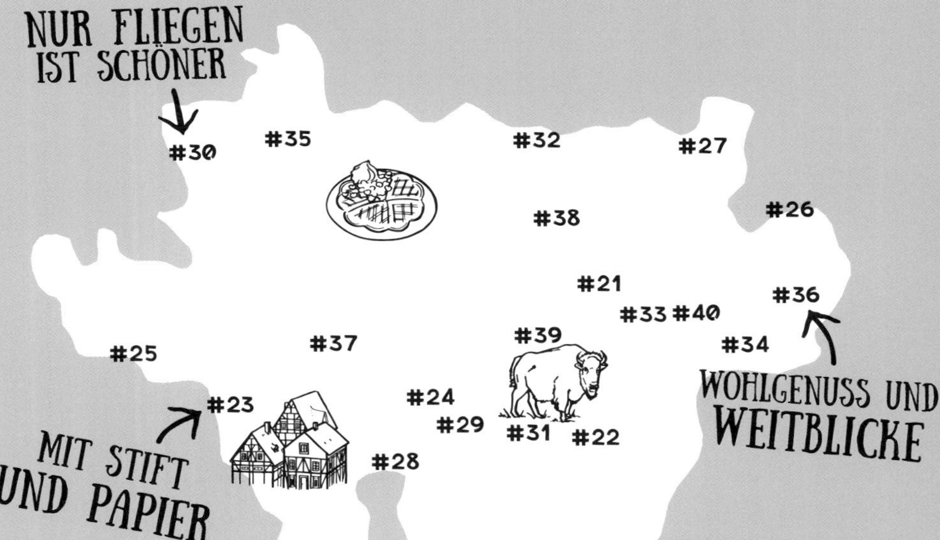

Raus für einen Tag

Dem Alltag davonpaddeln, sich von Rosen betören lassen, auf Schneeschuhen in den Sonnenuntergang stapfen – ein Tag draußen kann wahre Wunder vollbringen.

12H

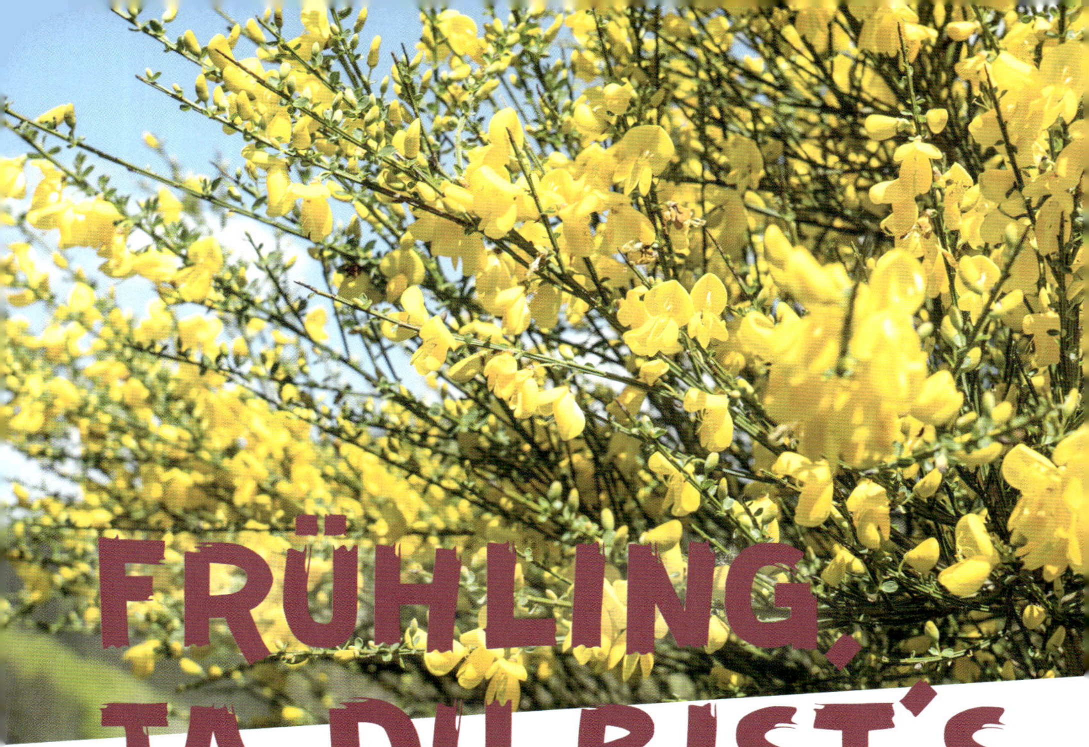

FRÜHLING, JA DU BIST'S

… um Niedersorpe und Winkhausen

#21

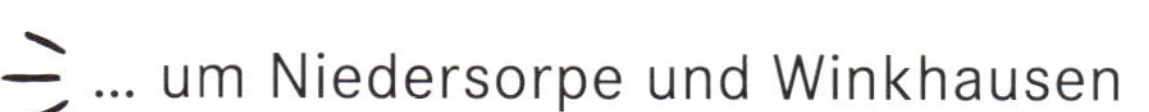

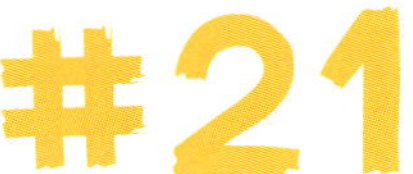

Wenn die Temperaturen in den T-Shirt-Bereich klettern, Wiesen sich in Löwenzahnteppiche verwandeln und mit dem Ginster um das knalligste Gelb wetteifern, dann ist der Frühling in vollem Gange. Zeit, sich in und über dem beschaulichen Sorpetal eine große Dosis Frühjahrsgefühle abzuholen.

#SorperPanoramapfad #Aussichtskanzel #Knollensteinbruch #Schmiedekunst

Deutlich größer als Napoleon, nach dem dieser Baum auf dem Sorper Panoramapfad benannt ist

Grüßt der Frühling, hüpft das Herz vor Freude, besagt ein altes irisches Sprichwort. In der Tat: Das Lüftchen so warm, die Blüten so bunt, der Himmel so blau, die Wölkchen so wattig, der Duft so frisch und leicht wie das beschwingende Gefühl bei einem Ausflug ins Grüne – das ist Frühling. Auf dem Sorper Panoramapfad kann man dies par excellence erleben. Der schwungvolle Start, den die Rundtour oberhalb von Niedersorpe hinlegt, ist schon mal verheißungsvoll.

Von der Aussichtskanzel lässt sich der Blick über die grünen Hügel rund um das Sorpetal schaukelnd genießen. Auch wenn auf dieses Panorama noch viele weitere folgen – mit

Der Frühling und seine Leichtigkeit: Die weiten Wiesen, die man auf der Wanderung rund um Niedersorpe durchstreift, beflügeln einen ebenso wie die kunstvollen Skulpturen in der Schmiede in Waldemai.

jeder Pore aufnehmen und abspeichern! Der Höhenweg bringt einen vorbei an weiten Wiesen Richtung Golfplatz. Was es wohl mit dem Baum auf sich hat, der allein auf weiter Flur steht? Ein Schild klärt auf: Es handelt sich um den Napoleon-Baum. Angeblich wurde dieser für des Kaisers Geschäft stehen gelassen, während die übrigen Bäume beim Durchzug der napoleonischen Truppen durch das Sauerland abgeholzt und als Brennholz genutzt wurden …

Vom Clubhaus läuft man hinab nach Winkhausen. Auf der anderen Seite der Straße folgt man ein Stück dem Flüsschen Sorpe, bevor es zu Deimanns Knollenhütte (www.deimann.de > Kulinarik > Knollenhütte) geht. An den Wochenenden kann man hier deftig vespern, zum Beispiel Erbsensuppe oder »Rinderpümmel«. Über einen luftigen Waldweg wandert man weiter zum Knollensteinbruch, an dem

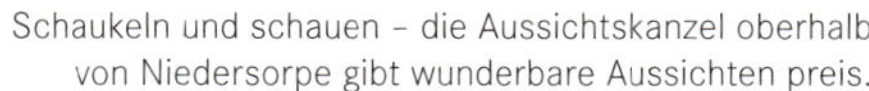

Schaukeln und schauen – die Aussichtskanzel oberhalb von Niedersorpe gibt wunderbare Aussichten preis.

früher Sandstein abgebaut wurde. Heute führt ein verschlungener Pfad hindurch. Dieser bringt einen zum höchsten Punkt der Wanderung, den Knollen. Ein Panoramablick vom Feinsten offenbart sich auf 533 Metern – auf das, was schon hinter einem liegt, und das, was noch kommt.

Wald im Frühling ist etwas ganz Besonderes, vor allem, wenn die Sonnenstrahlen sich ihren Weg durch das Blätterdach bahnen. Fast noch schöner ist es, über weite, offene Flächen zu laufen wie auf dem Weg zum Weißen Kreuz. Das Waldsofa vor der Schutzhütte muss auf Gemütlichkeit getestet werden. Dabei kann man wunderbar den Hummeln zusehen, wie sie Nektar aus dem Löwenzahn saugen.

Ein Hohlweg führt nach Niedersorpe, von da geht es weiter zur Waldemai. Dort haben die Köpfe hinter der Kunstschmiede Klute (www.klute-waldemai.de) eine perfekte Symbiose aus Kunst und Natur geschaffen. Wie selbstverständlich fügen sich die aus Bronze und Edelstahl geschmiedeten Windspiele, Seerosen, Insekten und anderen Skulpturen in den weitläufigen Ausstellungspark ein. Selbst die Sorpe scheint Teil des Gesamtkunstwerks zu sein. Dieser folgt man bis Rellmecke, wo man bei den Schmiedewelten Dünnebacke wieder auf die westliche Talseite wechselt und zurück nach Niedersorpe wandert – beflügelt von so viel Frühling!

FAZIT: PANORAMATOUR MIT WEITEN BLICKEN AUF EINES DER ZAUBERHAFTESTEN BACHTÄLER DES SAUERLANDS, GEPAART MIT HÖCHSTEN SCHMIEDEKUNSTGENÜSSEN.

Hin & weg: Parkplatz am Wanderportal Niedersorpe.

Beste Zeit: Ganzjährig möglich, am schönsten im Frühling oder Sommer.

Dauer & Strecke: 3,5 Std. reine Gehzeit für 13 km, mit Pausen und Kunstschmiede mindestens 5 Std. einplanen.

Ausrüstung: Verpflegung, Turnschuhe mit griffiger Sohle.

IM ZEICHEN DER FLEDERMAUS

#22

Schiefer und das Wittgensteiner Land gehören untrennbar zusammen. Mehr als 450 Jahre lang wurde der blaugraue Naturstein vor allem bei Raumland abgebaut. Blühende Steinbrüche, alte Bahntrassen, felsige Pfade und die eine oder andere Fledermaus warten auf dem Wittgensteiner Schieferpfad.

#Schieferdorf #Erdkühlschrank #Teufelsklippe #verwunscheneWälder

Wie ein Lost Place mutet der Durchgang unter dem Bahndamm an. Durchaus ein wenig gespenstisch.

Plitsch, platsch – passt man nicht auf, holt man sich direkt nasse Füße. Die ersten Wandermeter führen mitten durch die Eder, zwar über Trittsteine, doch ein Balanceakt bleibt das Ganze trotzdem. Und hier am Oberlauf legt die Eder ein zügiges Tempo an den Tag. Der Name ist Programm: Ara, wie die Wittgensteiner ihren Fluss nennen, heißt schnell fließendes Wasser.

Früher tuckerten Züge durch das Edertal, heute ist die Strecke stillgelegt und der Bahndamm geleitet einen per pedes flussabwärts. Mal wandert man direkt auf dem Damm, mal direkt am Fluss. Ein Pfad führt in das Heilige Holz, ein mit verwitterten Felsen durchsetzter Wald, den Heiligen Steinen. Zurück am Wasser offeriert die Waldraststation eine erfrischende Überraschung. Gegen eine Spende kann man sich ein kaltes Getränk aus einem in die Erde eingelassenen Rohr fischen.

Vorbei an Schieferbrüchen, die von weißleuchtenden Frühlingsblühern zu neuem Leben erweckt werden, geht es in die Honert. Das Zeichen mit der Fledermaus weist den Weg durch das Labyrinth aus Pfaden, die sich um bizarre Felsformationen winden. Klippenartig bäumen sich die bemoosten Riesen auf, deren Namen über die Jahrhunderte verloren gegangen waren. Irgendwann wurden sie neu getauft. So findet man auf den alpinen

Hin & weg: Von Bad Berleburg mit Bus R33 bis Raumland (am Wochenende Taxibus mit Voranmeldung). Parkplatz Reisegarten in Raumland unterhalb des Schieferschaubergwerks.

Beste Zeit: Im Frühling, auch im Sommer oder Herbst geeignet. Wegen der vielen Pfadpassagen nur bei trockenem Wetter.

Dauer & Strecke: 4,5 Std. reine Wanderzeit für knapp 14 km.

Ausrüstung: Halbhohe Wanderschuhe, genügend Verpflegung (keine Einkehrmöglichkeit).

Verwunschene Felsformationen, geheimnisvolle Wälder und nicht zuletzt die Spuren des Schieferbergbaus machen aus dem Wittgensteiner Schieferpfad ein ganz besonderes Wandererlebnis.

Passagen des Wittgensteiner Schieferpfads eine Braut samt Bräutigam, eine erhabene Kanzel, einen geheimnisvollen Druidenstein, einen spitzbübischen Drachenstein, einen angsteinflößenden Hexenfels, einen ruhenden Wächterstein und eine über alles herrschende Teufelsklippe.

Je höher sich der Pfad in der Honert windet, desto abenteuerlicher wird er; zum Teil besteht er nur aus moosigen Felsen, eingerahmt von knorrigen Eichenbäumen. Was für einen Kontrast bietet da die Blumenwiese am Fuße der Schieferhalde Fredlar bei Meckhausen. Sie eignet sich perfekt für einen Biss ins Butterbrot, bevor es auf den Bergkamm geht. Tief hinein in das Wittgensteiner Land blickt man vom Fredlar. Eine schmale Passage führt an einer überhängenden Felswand vorbei, die Teufelsklippe. Am Teufelstisch wartet ein weiterer phänomenaler Ausblick, bevor man über die Vergessene Straße ins Steinbachtal gelangt.

Auf der Anhöhe oberhalb von Bad Berleburg präsentiert sich die Wanderung urban mit Blick auf die Stadt und das Barockschloss. An der Grube Hörre trifft man mit viel Glück auf echte Fledermäuse. Die Hörre ist einer der wichtigsten Schutzräume in Nordrhein-Westfalen, neun Arten der flatternden Flugkünstler sind hier zu Hause. Ansonsten weist die schwarze Blechfledermaus auf dem Wanderschild treu den Weg zum Ausgangspunkt.

FAZIT: NACH DIESER PFAD- UND KLIPPENREICHEN WANDERUNG WEIß MAN, WARUM ES IN WITTGENSTEIN UND IM SIEGERLAND SO VIELE SCHIEFERHÄUSER GIBT.

MACH´S WIE MONET

… auf dem zeichenKURS bei Drolshagen

Die Natur beflügelt die Kreativität und steht Freiluftkünstlern und allen, die es werden wollen, kostenlos Modell. Auf einem eigens angelegten Zeichenweg im Dräulzer Land kann man die Schönheit der Natur mit Blei- und Buntstift auf Papier bannen und nebenbei durch malerische Wiesen wandern.

#Pleinairzeichnerei #Wandern&Zeichnen #Schraffieren&Strukturieren

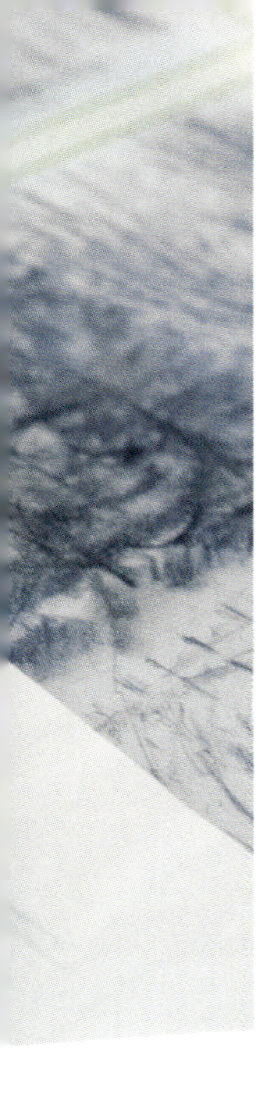

Dass sich selbst Landschaftskünstler früher zum Malen in ihr Atelier zurückzogen, hatte weniger mit Lichtscheu zu tun, sondern einen ganz praktischen Grund: Die Farben mussten aufwendig gemischt werden und eigneten sich nicht zum Transport. Dabei lässt sich die Natur am besten direkt vor Ort einfangen, mit all ihren Feinheiten und der Magie von natürlichem Licht und Schatten. Als einer der ersten Freiluftmaler wusste dies vor allem Claude Monet zu schätzen, der mit Vorliebe draußen in der Natur malte und dabei die Besonderheit des Moments einfing.

Auf dem Drolshagener zeichenKURS (www.drolshagen-marketing.de > Projekte > Zeichenkurs) muss man weder impressionistisch begabt sein noch eine Staffelei, Tuben mit Öl-

Egal ob Bleistift oder Buntstift – zeichnen heißt, sehen zu lernen. Auch Fortgeschrittene können an den Zeichenstationen auf jeden Fall noch etwas dazulernen und ihr Können verfeinern.

farben oder Aquarellnäpfe im Gepäck haben. Stift und Papier genügen. Statt gemalt wird gezeichnet, und zwar an sechs Kreativstationen, an denen einem verschiedene Techniken und die Kunst der Motivsuche nahegebracht werden.

Bereits kurz nach dem Start im Drolshagener Dörfchen Siebringhausen wartet die erste Bank mit Zeichentisch. Es geht um den Nahbereich, verrät die ausführliche Anleitung. Modell steht ein Haselnussstrauch neben der Bank. Man nimmt ein Blatt, einen Block und einen Bleistift, zeichnet die groben Umrisse, schraffiert eine Schicht und noch eine Schicht, bis man mit dem Ergebnis zufrieden ist. Die zweite Station liegt gegenüber einer Wiese, in der Mitte ein einzelner Baum, im Hintergrund Fichten am Waldrand. Wie baut man eine solche Zeichnung wohl am besten auf? Probieren geht über Studieren!

An der dritten Station geht es um Oberflächen und unterschiedliche Zeichentechniken. Ein Stück Baumrinde oder ein Zapfen eignen sich ideal für die Übung, bei der auch Buntstifte

---

Hin & weg: Parkplatz am Gasthaus Halbfas-Alterauge in Siebringhausen bei Drolshagen.

Beste Zeit: Am schönsten im Frühling oder Sommer, wenn die Landschaft grün ist.

Dauer & Strecke: Je nachdem, wie intensiv man den Zeichenstift schwingen möchte, 4–5 Std. einplanen. Der Rundweg ist 4,5 km lang.

Ausrüstung: Zeichenblock oder Skizzenbuch, Bleistifte, Buntstifte, Anspitzer, Radiergummi, ggf. Motivsucher aus Pappe.

Motivsucher sind ein ungemein praktisches Hilfsmittel in der Landschaftsmalerei und -zeichnerei.

zum Einsatz kommen dürfen. Geradlinig wird es an der vierten Station; in Essinghausen lautet das Motto Perspektive. Das bedeutet, auf der Terrasse des Backhaus-Cafés Platz zu nehmen, Kaffee und Kuchen zu bestellen und die gegenüberliegenden Fachwerkhäuser zu Papier zu bringen.

Weit reicht der Blick in die Landschaft an der nächsten Station. Mit einem Papprahmen oder mit der Hand begibt man sich auf Motivsuche. Beim Kolorieren von Wiese und Bäumen stellt man fest, dass Grün nicht gleich Grün ist und erinnert sich daran, dass aus Gelb und Blau Grün wird. An der sechsten und letzten Station wird es etwas kniffeliger, denn die Modelle halten nicht still.

Klappt es nicht sofort, die Kühe auf der Weide zu zeichnen, einfach nochmal neu beginnen. Oder an einem anderen Tag zu einer anderen Tageszeit oder gar einer anderen Jahreszeit wiederkommen, um den Kreislauf der Natur einzufangen.

FAZIT: »ZEICHNEN IST DIE KUNST, STRICHE SPAZIEREN ZU FÜHREN«, SAGTE PAUL KLEE. »SPAZIERENGEHEN UND ZEICHNEN IST DAS NEUE YOGA«, SAGEN DIE BESUCHER DES ZEICHENKURSES.

AUF DEM VULKAN TANZEN

… über Heinsberg zu den Albaumer Klippen

#24

Klippen müssen nicht immer von Wind und Wellen geschaffene Steilwände am Meer sein. Das lernt man in Albaum, auch wenn das Gebiet der gleichnamigen Klippen vor 480 Millionen Jahren tatsächlich von Wasser überzogen war. Heute umgeben lauschige Wälder und malerische Fachwerkdörfer die kolossalen Felsen.

#schwarzweißeFachwerkhäuser #rötlicheFelsen #grüneFarne&Flechten

Felsen und Flechten – die Albaumer Klippen sind ein kleines Wunder der Natur.

Dass hier einst ein Ozean toste und ein untermeerischer Vulkan tobte, vermag man sich kaum vorzustellen auf der Rundwanderung von Nieder-Albaum über Heinsberg zu den Albaumer Klippen. Zwar rauscht es sachte, wenn man sich am Ende des Burgwegs in den Wald begibt, doch sind das keine Wellen, sondern die Lüttke Aa. Der Bach begleitet einen, bis der ausgebaute Weg einen Knick nach links macht und sich zu einem Naturpfad verjüngt.

Dieser mündet einige Höhenmeter später auf dem asphaltierten Lümkerweg. Im Tal breiten sich die Häuser von Heinsberg aus. Das Dorf in den westlichen Ausläufern des Rothaargebirges liegt in einem grünen Kessel, umgeben

von einer Kette aus Sechshundertern wie Strauchelberg und Schroersberg im Westen oder Milsenberg und Vogelsberg im Osten.

Die Kulisse aus bewaldeten Bergen, Wiesen und Weiden vor Augen, spaziert man hinunter nach Heinsberg. Zum Großteil wurden die markanten schwarz-weißen Fachwerkhäuser Ende des 18. Jahrhunderts erbaut, als ein Brand die Ortschaft arg in Mitleidenschaft zog. Heute präsentiert sich das Häuserensemble rund um die Kirche wie auf einer Postkarte. Noch einen Blick auf das Deelentor der Rucksackherberge werfen, bevor es über lang geschwungene Forstwege gemächlich bergan geht und das i-Tüpfelchen der Tour erreicht ist: die Albaumer Klippen.

Ein Pfad zweigt vom Hauptweg ab und führt ganz nah heran an dieses Naturwunder aus Klippen und Felsblöcken, das sich auf einer Länge von 750 Metern westlich der Lichtenhardt erstreckt. Die Spätnachmittagssonne leistet perfekte Arbeit und lässt die rötlich schimmernden Felsen richtiggehend erstrah-

---

Hin & weg: Ab Altenhundem mit dem Bus R93 bis Nieder-Albaum. Wanderparkplatz Heinsbergerstraße/Kreuzung Burgweg in Nieder-Albaum.

Beste Zeit: Im Frühling oder Sommer, wenn die Moose mit den Farnen um die Wetter grünen.

Dauer & Strecke: Mit Pausen und Verweilen an den Klippen etwa 4–4,5 Std. für die 13 km einplanen.

Ausrüstung: Etwas zu essen und zu trinken, Turnschuhe mit griffigen Sohlen.

Wie klein man sich vorkommt, wenn man am Fuße der mächtigen Klippen steht, die sich über Jahrmillionen entwickelt haben.

len. Diese Rotfärbung kommt nicht von ungefähr, denn die Albaumer Klippen gehen auf eine vulkanische Magmaexplosion zurück. Ihre heutige Form erhielten sie in der Eiszeit, als Frost die Felsen sprengte. Die Moose, Farne und Flechten zwischen und über den Felsen sind übrigens nicht nur sonnenhungrig, sondern auch sehr selten. Deswegen sollte man nicht auf den Klippen herumwandern. Nach Nieder-Albaum ist es von hier nur einen Katzensprung.

FAZIT: EIN STÜCK LEBENDIGE ERDGESCHICHTE KOMBINIERT MIT EINER GEMÜTLICHEN WALDWANDERUNG UND EINER PORTION DORFIDYLLE.

Weitblick
Waldklassenzimme

WASSER IST DES WANDERERS LUST

… von Meinerzhagen zur Genkeltalsperre

#25

Zum Meer ist es ganz schön weit, doch der nächste Stausee, Fluss oder Bach liegt im Sauerland nur einen Katzensprung entfernt. Wie etwa die karibikgrüne Genkeltalsperre, die es farbtechnisch mit jedem Ozean aufnehmen kann, und die Agger, die südlich von Meinerzhagen entspringt.

#WandernamWasser #Wasserschloss #vomWasserhabenwirsgelernt

Kleinod mitten im Wald: Vom Hauptweg ist das Wasserschloss Badinghausen kaum zu erkennen.

Grün ist nicht irgendeine Farbe, sie ist die Farbe der Natur schlechthin und wirkt wie keine andere ausgleichend, beruhigend und regenerierend. Kein Wunder, dass es Erholungsuchende magisch ins Grüne zieht. In den Wald, wo man seine Augen mit einer großen Portion Grün füttern kann und sich jegliche Anspannung in Wohlgefallen auflöst. Oder an ein von grüner Natur umgebenes Gewässer. Wer beides verbinden möchte, begibt sich in Meinerzhagen auf eine wasserreiche Waldwanderung zur Genkeltalsperre.

Meinerzhagen liegt im märkischen Sauerland am Fuße des Ebbegebirges. Gestartet wird am Einstiegsportal zum Sauerland-Höhenflug. Von da verläuft ein Wiesenweg hinunter zur Agger, die wenige Hundert Meter nördlich entspringt. Das so nahe der Quelle noch schmale Flüsschen begleitet einen bis zu den Teichen bei Schloss Badinghagen. Auch wenn man nur einen Blick von außen auf das im Wald versteckte Wasserschloss werfen kann, lohnt sich der kurze Abstecher zu dem einstigen Rittersitz. In den hiesigen Teichen wird die Agger aufgestaut und zur Genkeltalsperre geleitet.

Durch abwechslungsreiche Wälder geht es Richtung Heedberg und zum Waldklassenzimmer. Dort lässt sich an einem Dendrophon ausprobieren, wie sich der Klang einer Fichte von einer Esche unterscheidet. Am Ende wartet ein Weitblick über das Aggertal.

Wenn es zwischen den Bäumen türkisgrün schimmert, weiß man: Die Genkeltalsperre ist nicht mehr weit. Sie blinzelt einem immer wieder zu, bevor man aus dem Wald heraus- und auf den Uferweg tritt, dem man rechts bis zum Vorstaubecken folgt. Langsam schlendern anstatt schnell marschieren heißt nun die Devise. Schließlich will das Farbenschauspiel in vollen Zügen genossen werden. Blaugrün, grasgrün, smaragdgrün, jadegrün, tannengrün – wie viele Grüntöne hält die Natur eigentlich in ihrem Farbkasten bereit?

Darüber lässt sich sinnieren, wenn man über Wiesen- und Waldwege hoch nach Heed und weiter nach Meinerzhagen wandert. Der Kreis schließt sich bei den Meinhardusschanzen, wo man wieder auf die Agger trifft, dieser ein paar Meter aufwärts zur Quelle folgt und dank so viel Grün hundertprozentig entspannt zurück zum Ausgangspunkt spaziert.

Das zarte Fingerhut-Lila macht sich perfekt zwischen all dem Grün. Hat letztlich auch mit (gefrorenem) Wasser zu tun: In den schneefreien Monaten dienen die Mattenschanzen dem Skisprungtraining.

FAZIT: GRÜN IST MEHR ALS EINE FARBE UND IN KOMBINATION MIT EINER WALD- UND WASSERWANDERUNG EIN UNSCHLAGBAR ENTSPANNENDER MIX.

Hin & weg: Mit dem Zug RB25 von Richtung Köln oder Lüdenscheid nach Meinerzhagen. Vom Bahnhof dem schwarzen Schild mit dem weißem H bis Wanderparkplatz Schallershaus folgen.

Beste Zeit: Am schönsten von Juni–August, wenn das sommerliche Grün von lila Fingerhut- und Distelfarbsprenkeln durchzogen ist.

Dauer & Strecke: Knapp 3,5 Std. reine Wanderzeit für 12 km. Mit Genussmomenten am Wasser etwa 5 Std.

Ausrüstung: Feste Schuhe, Proviant (keine Einkehrmöglichkeiten).

GIPFELSTURM IM DOPPELPACK

#26

Von zwei Gipfeln gekrönte Berge nennt man Doppelgipfel, zwei Berge an einem Tag besteigen heißt doppeltes Gipfelglück. Das erlebt man auf der »K2-Expedition«. Dem Himmel sei Dank verbergen sich dahinter nur zwei pittoreske Plateaus in der Medebacher Bucht statt des pakistanischen Schicksalsbergs.

#Panoramamania #blühendeBergwiesen #Beerenstrauchheiden #Pönkuppe

Das Basislager für die Gipfeltour auf die Kalied und den Kahlen Pön befindet sich in Düdinghausen im nördlichen Zipfel der Medebacher Bucht. Nach einer letzten Kontrolle der Ausrüstung und der Hinweisschilder gegenüber der Kirche kann das Abenteuer starten. Der Wanderweg D2 führt aus dem Dorf, oberhalb des Borghagen-Steinbruchs biegt man in den Wald ab und läuft ein Stück parallel zum Riepenbach. Rasch gewinnt man an Höhe und durchschreitet von offenen Flächen durchbrochene Wälder, die regelmäßig

Entspanntes, aussichtsvolles Gipfelstürmen im östlichen Sauerland gefällig? Auf zu Kalied und Kahle Pön.

Blicke auf die kleiner werdenden Dächer von Düdinghausen freigeben. Man passiert Felder und Flure, Fichten und Buchen und nähert sich in Begleitung des Flüsschens Neerdar dem ersten Gipfel.

Wer etwas ins Schwitzen gekommen ist: Ein Päuschen ist kein Kann, sondern ein Muss auf der Kalied. Grasende Kühe, blühende Bergwiesen und ein unfassbar weiter Blick über die Medebacher Bucht entschädigen für jegliche Anstrengung beim Aufstieg auf die 745 Meter hohe Kuppe.

Der zweite Gipfel des Tages – der Kahle Pön – liegt in greifbarer Nähe. Von der Kalied-Schutzhütte sind es gerade einmal 700 Strecken- und 30 Höhenmeter zum Pönplateau. Unterwegs wird man immer wieder stehen bleiben wollen. Nicht, weil die Puste ausgeht, sondern um zu gucken, ob die Heidelbeeren reif sind. Die Flanken des Kahlen Pön sind nämlich alles andere als kahl, sondern von einer Beerenstrauchheide überzogen. Am höchsten Punkt auf 775 Metern lädt eine Bank dazu ein, ein paar der blauen Früchte und den Blick über Titmaringhausen zu genießen.

Hin & weg: Mit dem Bus R48 von Winterberg oder Willingen nach Düdinghausen. Wanderparkplatz am Ortsrand. Start am Kirchplatz in der Dorfmitte.

Beste Zeit: Ganzjährig, am schönsten im Sommer.

Dauer & Strecke: 4,5–5 Std. mit Pausen, Biergartenrast und Panoramen bestaunen; knapp 11 km.

Ausrüstung: Turnschuhe mit griffiger Sohle, Wasser, Notfallriegel, falls die Hütte Ruhetag hat.

Wem die Kahle-Pön-Beeren zu sauer sind, bestellt sich in der Graf-Stolberg-Hütte (www.wandern-sauerland.de) ein Stück Heidelbeer-Käsekuchen, das sich am allerbesten im Biergarten schnabulieren lässt. Dass der Wandergasthof an einem Plätzchen namens Schöne Aussicht liegt, spricht dafür, etwas länger zu verweilen, bevor mit neuer Energie die letzte Etappe der »K2-Expedition« zum Klacks wird. Diese führt durch Wälder und Wiesen hinunter nach Düdinghausen – die Beine laufen fast wie von alleine.

FAZIT: ZWEI GIPFEL MIT EINER KLAPPE SCHLÄGT DIESE AUSSICHTSREICHE TOUR, DIE SICH AUCH OHNE JEDWEDE EXPEDITIONSERFAHRUNG BESTENS MEISTERN LÄSST.

ROSEN-REGEN UND GEWITTER-TORTE

... von Assinghausen nach Bruchhausen

Eine Rose, die Happy Wanderer heißt, kann nur ein gutes Omen sein für eine Wanderung von einem Rosendorf zu einem Rosengarten. Auch wenn, Entschuldigung, ein solcher nie versprochen wurde – der Rosenring hält, was er verspricht. Über Rosenstock und Stein geht es geradewegs ins Kuchenparadies.

#Rosenring #RocknRose #BruchhauserSteine #Rosengarten #Gartencafé

Fachwerk und Rosen, eine bezaubernde Kombination, zu bewundern im Rosendorf Assinghausen.

Die rote Happy-Wanderer-Rose blüht in Assinghausen (www.assinghausen-live.de), so wie etwa 200 weitere mit Namensschildern versehene Sorten. Assinghausen ist auf Rosen gebettet, das ganze Dorf ein einziger Rosengarten. Kletterrosen erobern die Wände der Fachwerkhäuser, ranken die Holzbalken hoch. Duftrosen erfüllen die Straßen mit mal fruchtigen, mal frischen, mal sinnlichen Noten. Es schillert karminrot, lachsrosa und purpurviolett, leuchtet zitronengelb, cremeweiß und kupferorange.

Ein Fest für die Sinne und alle Liebhaber der Königin der Blumen, deren Verbreitung in Europa übrigens auf Kaiserin Josephine zurückgeht. Napoleons erste Gattin sammelte Rosen aus der ganzen Welt.

Auch wenn in Assinghausen jedes Beet und jeder Vorgarten ein Hingucker ist, besondere Aufmerksamkeit verdient die Rosenpracht am Reisen Speicher, im Romantikgarten und vor Buskers Haus; Letzteres ist ein besonders adrett herausgeputzter Fachwerkbau. Auch

beim Lüken Haus und Grimmehaus blüht und duftet es.

Vom Grimmedenkmal folgt man dem pinkfarbenen Rosenring-Wanderzeichen, passiert die Pfarrkirche St. Katharina und die Küsterlandkapelle mit ihrem begehbaren Rosen-Rosenkranz. In Assinghausen steht wirklich alles im Zeichen dieser Blume! Ab der Mariengrotte folgt man dem Kreuzweg, den man nach der neunten Station zugunsten eines breiteren Wegs parallel zur Schirmecke verlässt. Tritt man auf der Hochfläche aus dem Wald, scheinen die Bruchhauser Steine schon zum Greifen nah. Man nähert sich ihnen über Feld- und Wiesenwege, die immer wieder den Blick auf die Steine und Bruchhausen freigeben.

Dort wartet der nächste Rosengruß, und zwar im Gutshof von Schloss Bruchhausen (www.rosenbogen-heidrich.de). Dieser beherbergt einen wunderschönen Blütengarten, in dem sich Ramblerrosen um Bögen und Spaliere ranken und edle, historische Rosen um die Wette blühen. Einmal die Welt durch die rosarote Brille sehen, verspricht der Prinzessinnengarten mit seinem Rosenmeer. Sollte es nach reifen Äpfeln duften, ist das aller Wahrschein-

---

Hin & weg: Mit dem Bus S30 von Brilon, Olsberg oder Medebach nach Assinghausen. Parkplatz bei Pfarrkirche St. Katharina oder Alter Schmiedeplatz.

Beste Zeit: Zur Rosenblütezeit ab Mitte Juni–Mitte Juli.

Dauer & Strecke: Mit Rosenbetörung in Assinghausen und Besuch von Blütengarten und Café in Bruchhausen etwa 5 Std. einplanen; der Rundweg ist 9 km lang.

Ausrüstung: Leichte Wanderschuhe, Wasser, Rosenbestimmungsbuch.

Erst flanieren, dann schnabulieren: Im Sauerländer Blütengarten stehen die Rosen Spalier. Kalorien hin oder her: Der süßen Versuchung im Garten des Gutscafés kann kaum jemand widerstehen.

lichkeit die Weinrose. Nach einem prickelndem Rosé-Grapefruit-Sprizz oder einem fruchtig-cremigen Stück Gewittertorte kann man sich im Rose-Cottage mit Chutney, Essig oder Rosenextraktsirup für zu Hause eindecken.

Kurz vor Ortsende biegt man links ab, am Hof zur Rechten führt ein Wiesenweg auf eine Hochfläche, von der man abermals einen fantastischen Blick auf die Bruchhauser Steine hat. Fortan hat man die Felsgiganten im Rücken – immer wieder stehen bleiben und zurückblicken ist ausdrücklich erlaubt. Über den Bergrücken geht es zurück nach Assinghausen in die Grimmestraße, wo man sich ein letztes Mal von der Schönheit der Rosen betören lassen kann.

FAZIT: »LA VIE EN ROSE«, »WEIßE ROSEN AUS ATHEN«, »BED OF ROSES«, »DESERT ROSE« – SPÄTESTENS JETZT IST KLAR, WARUM DIE ROSE SO OFT BESUNGEN WURDE.

VAMOS A LA PLAYA

... im Naturfreibad in Müsen 

#28

Sommer ist keine Jahreszeit, Sommer ist ein Zustand. Er riecht nach Sonnencreme und nassen Badesachen, schmeckt nach Buttermilch-Zitronen-Eis und frittierten Sonnenstrahlen. Ein perfekter Sommertag ist der, den man zwischen Drei-Meter-Brett und Liegewiese im Lieblingsfreibad verbringt.

#sofühltsichSommeran #FreibadistFreiheit #Pommesmachenglücklich #saureFritten

Eins, zwei, drei und hopp – das Müsener Freibad ist der ideale Ort für einen heißen Sommertag.

In Müsen hechtete man schon in den 1930ern kühn vom Sprungturm ins kühle Nass. Damals hieß Freibad noch Badeanstalt, und das, was heute das Schwimmerbecken des größten Naturfreibads Nordrhein-Westfalens (www.freibad-muesen.de) ist, war als Unterer Hüttenweiher bekannt. Dieser stammt aus der Zeit, als Müsen eine aktive Bergbaugemeinde war, und diente dem Betrieb der Grube Stahlberg.

Es gibt nur wenige Entscheidungen, die an einem Badetag in Müsen zu treffen sind; dazu gehört die Frage: Liegewiese oder Strandkorb? Mit den Siebensachen unter die blau-weiß gestreifte Markise ziehen, Buch auf dem hölzernen Klapptischchen ablegen, die Füße im Sand eingraben – so fühlt es sich fast an wie am Meer.

Alternativ breitet man sein ausgeblichenes Frotteelaken oder das trendy Hammamtuch auf der großen Liegewiese aus. Legt sich auf den Bauch, Kopf in die Hände gestützt, um das Treiben im und am Becken aus gebührender

Entfernung zu betrachten. Erstaunlich, wie elegant und mühelos ein Hechtsprung vom Dreier aussehen kann. Anlaufen, hochspringen, federn, abspringen und geschickt wie ein Fisch im Wasser landen. Nachmachen? Vielleicht später. Erst einmal ein paar Seiten lesen, von den prallen Kirschen naschen, die sich auch wunderbar als Ohrschmuck machen. Eine Runde dösen wäre jetzt fein.

Hin & weg: Mit dem Auto zum Parkplatz am Merklinghäuser Weg in Müsen.

Beste Zeit: Im Hochsommer, wenn der Asphalt glüht und die Luft flimmert.

Dauer: Im Strandkorb oder auf der Liegewiese lässt sich gut und gerne ein ganzer Tag vertrödeln.

Ausrüstung: Badekleidung, Strandlaken, Sonnencreme, Sonnenbrille, Lesestoff.

Wenn das Prusten, Kreischen und Johlen, das Klatschen der Arschbomben und die Playlist der Sommerhits der letzten 40 Jahre zur einlullenden Sinfonie verschmolzen sind, dann lässt die freibadspezifische Form des Dämmerschlafs nicht lange auf sich warten.

Mit steigenden Temperaturen wird der Lockruf des dunkelgrün schimmernden Wassers dann immer lauter. Herrlich frisch sieht es aus! Das ist es auch, denn das Naturfreibad Müsen hat eine natürliche Wasserzu- und abfuhr und wird von Quellwasser gespeist. Also nichts wie hinein, mit einem Köpper vom Startblock oder Sprungturm, und ein paar sportliche Bahnen ziehen. Auf das Holzpodest in der Mitte des Beckens klettern, die Tropfen aus dem Haar schütteln und sich von der Sonne trocknen lassen. So fühlt sich Freibad an.

Wer eine richtige Wasserratte ist, hüpft mutig vom Drei-Meter-Brett in die kühlen Fluten. Gerne auch mehrere Male hintereinander. Danach schmecken die Pommes vom Kiosk umso besser.

Die Vollendung dieses perfekten Sommertages indes wartet am Kiosk, und zwar in Form einer Tüte Schnuck – so werden im Siegerland Süßigkeiten genannt – mit Lakritzschnecken, Colafläschchen und sauren Fritten, gekrönt von einer riesengroßen Portion Pommes. Die gehören an so einem Tag einfach dazu. Und im Naturfreibad Müsen sind sie genau so, wie sie sein sollen: salzig, leicht fettig, außen knusprig, innen weich. Frittierte Sonnenstrahlen eben.

FAZIT: WER BRAUCHT MEER, WENN ES NATURFREIBÄDER GIBT? WARNUNG: MIT DEM AUFKOMMEN NOSTALGISCHER KINDHEITSERINNERUNGEN AN UNZÄHLIGE FREIBADSOMMER IST ZU RECHNEN.

BIS DAS WASSER SICH SCHEIDET

An tollen Aussichten mangelt es dem Rothaargebirge nicht, ebenso wenig an Aussichtstürmen. Als schönster gilt manchen der Turm an der Wasserscheide zwischen Rhein und Weser. Für andere ist der Weg das Ziel. Das gilt vor allem, wenn man sich diesem durch das wild-romantische Schwarzbachtal nähert.

#HeinsbergerHochheide #blühendeBachauen #KrummeFrau #Waldschule

Auf der Brücke über den Schwarzbach kann man sich über die hiesige Flora und Fauna informieren.

Dem Zeichen X10 folgend, geht es vom Wanderportal Hochheide zwischen dem Bächlein Habeck und dem Haberg zügig hinab ins

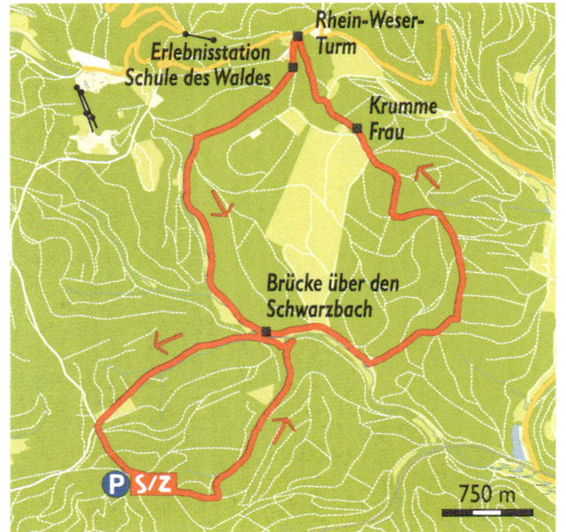

Schwarzbachtal. Unaufgeregt mäandert der gleichnamige Bach durch die von Margeriten übersäte Auenwiese und unter der Holzbrücke hindurch, bevor er sich seinen Weg Richtung Eder und weiter in die Fulda und Weser sucht.

Die sumpfige Umgebung des Schwarzbachs sorgt nicht nur für seine bräunliche Farbe, sondern auch für eine wahre Pflanzenpracht. Sumpfdotterblumen, Sumpfvergissmeinnicht und Schlangenknöterich sind hier ebenso zu finden wie Pestwurz und Mädesüß. Letzteres wurde früher zum Süßen von Honigwein benutzt, eignet sich aber auch hervorragend zum Lindern des Kopfschmerzes nach übermäßigem Konsum desselbigen. Am Bachlauf ragen Eschen und Schwarzerlen empor. Bleibt zu hoffen, dass das Erlenweib mit den blutroten Haaren, das Sagen zufolge in sumpfigen Gebieten gerne einmal Wanderern auflauert, heute in Heinsberg zum Einkaufen ist ...

Hinter der Brücke biegt man rechts ab, lässt sich ein Stück vom schwatzenden Schwarzbach die Richtung weisen, bevor man diesen vorübergehend verlässt und einen das Rautezeichen auf die Krumme Frau geleitet. Dann und wann stehen zu bleiben und ganz still zu verharren lohnt sich beim gemächlichen, aber stetigen Anstieg auf den Westerberg – das Zittergras macht seinem Namen auch ohne den Hauch eines Windes alle Ehre.

Eigentlich sollte auf der Kuppe des Berges nahe Oberhundem nur eine Schutzhütte entstehen, doch die umliegenden Dörfer beschieden: Die exponierte Lage ruft nach einem Aussichtsturm. Fortan wurde auf 680 Metern

An der Färbung der Fingerhutblüten lässt sich ablesen, wie weit der Sommer fortgeschritten ist. Schon beim winzigsten Lufthauch fangen die Halme des Zittergrases mit den herzförmigen Ähren an zu tänzeln.

gesägt und gehämmert und in nur 77 Tagen wurde aus einer Skizze auf Tapetenresten Realität. Das war 1932. Seitdem sind unzählige Fußpaare die 113 Stufen zur obersten Plattform des 24 Meter hohen Rhein-Weser-Turms (www.rhein-weser-turm.de) hinaufgestiegen, dessen Inneres komplett aus Holz besteht. Bis 80 Kilometer weit reicht die Sicht an klaren Tagen in das Sauerland und Siegerland.

Der X10 bringt einen parallel zum Schwarzbach zurück ins Tal. In der Waldschule kann man für einen Moment die Schulbank drücken und sich über die hier vorkommenden Baumarten belesen. An der Brücke im Schwarzbachtal folgt man dem A4 Richtung Rüsper Berg und erreicht in einem Bogen um den Vogelsberg wieder die Hochheide.

FAZIT: WANDERUNG DURCH EIN KLEINES, FRIEDVOLLES NATURJUWEL MIT SELTENEN PFLANZEN ZU EINEM DER BEKANNTESTEN AUSSICHTSTÜRME DER REGION.

Hin & weg: Wanderparkplatz Hochheide oberhalb von Heinsberg.

Beste Zeit: Im Sommer, wenn es in der Aue rund um den Schwarzbach blüht, was das Zeug hält.

Dauer & Strecke: Mit Einkehr im Berggasthof am Rhein-Weser-Turm und Turmbesteigung mindestens 5 Std. für die 14 km einplanen.

Ausrüstung: Schuhe mit Profilsohle, Snacks, Wasser, Pflanzenbestimmungsbuch, Smartphone für Hörgeschichte »Rhein-Weser-Turm«.

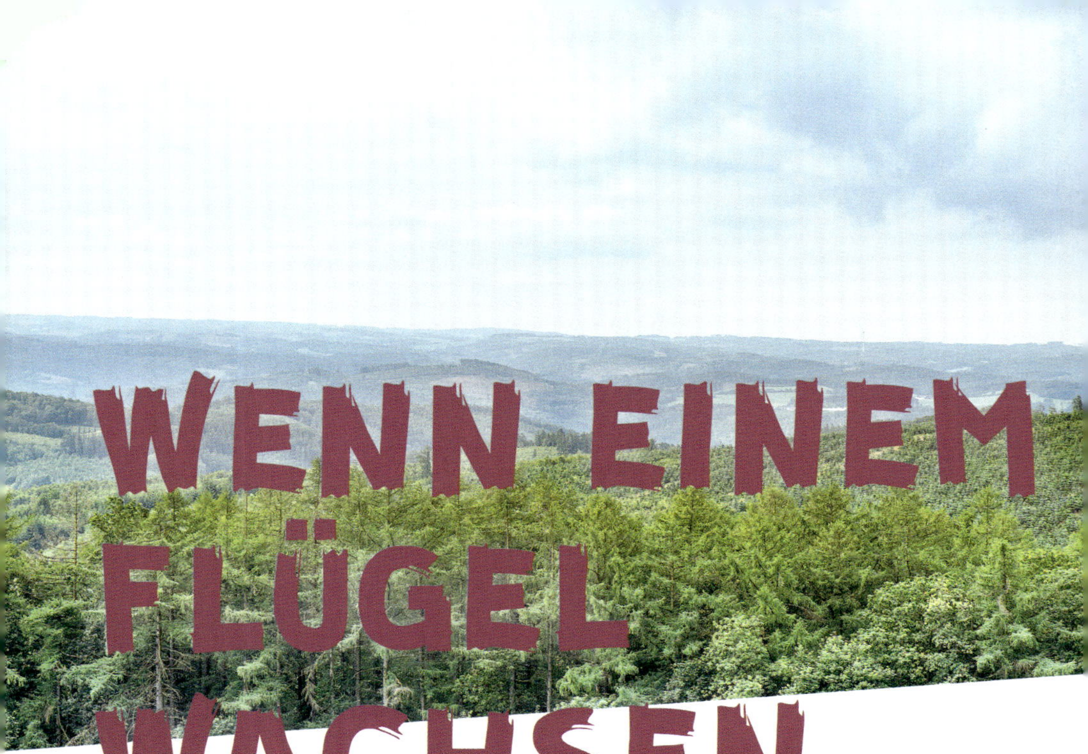

WENN EINEM FLÜGEL WACHSEN

… von Neuenrade nach Altena

#30

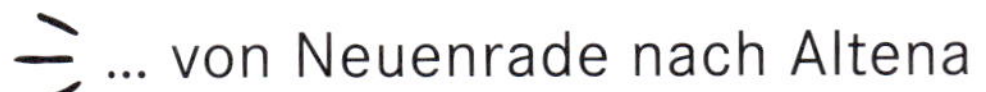

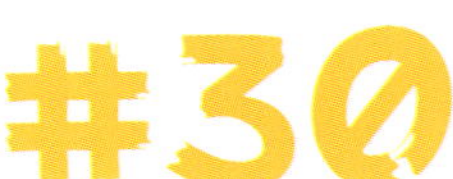

Warum in die Ferne schweifen, wenn das Gute so naheliegt? Auf dem Sauerland-Höhenflug sind die kleinen Glücklichmacher am Wegesrand mindestens genauso beflügelnd wie die zahl- und endlosen Weitblicke, die sich auf malerischen Höhenzügen eröffnen.

#nurFliegenistschöner #Fernwanderweg #BurgAltena #ritterlicheHöhenburg

Aussichtspunkte hat der Sauerland-Höhenflug viele, eine phänomenale Sicht bietet der Quitmannsturm.

250 Kilometer lang ist der Fernwanderweg (www.sauerland-hoehenflug.de), der von Altena und Meinerzhagen über die Höhen des Sauerlands bis ins hessische Korbach führt. Wer sich langsam an den Genuss des Weitwanderns herantasten möchte, startet mit einer appetitanregenden Etappe von Neuenrade nach Altena.

Immer der Hönne nach heißt es, wenn man das Wohngebiet in Neuenrade-Wilhelmshöhe verlässt und über einen Pfad den Höhenweg erreicht. Rasch bringt einen dieser zur Hönnequelle am Südhang des Großen Attig. Die ersten Weitblicke lassen nicht lange auf sich warten, während man den mit einer wilden Pracht aus Fingerhut, Johanniskraut und Zittergras

überzogenen Bergrücken überschreitet. Dem Himmel ganz nah ist, wer am Fuße des Kohlbergs den 14 Meter hohen Quitmansturm besteigt und sich beim Bestaunen des 360-Grad-Panoramas ordentlich durchpusten lässt. Nur Fliegen muss schöner sein – an Orten wie diesen trifft das Motto des Sauerland-Höhenflugs zweifelsohne ins Schwarze.

Was danach kommt, legt sich nicht minder wie Balsam auf die Seele. Ein Wald, in dem Bäume Namensschilder tragen und von Eltern

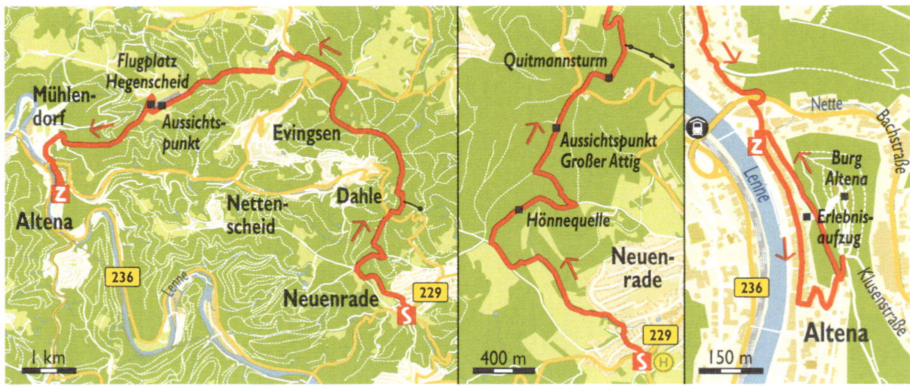

Die hoch über dem Lennetal gelegene Burg Altena gilt als eine der schönsten Höhenburgen Deutschlands.

zur Geburt ihres Kindes gepflanzt wurden. Wiesen mit lila Kleeblumenmeeren, Weiden mit staksigen Kälbchen, zugewachsene Pfade, auf denen man sich wie im Dschungel fühlt, goldgelbe Getreidefelder, die da aufhören, wo der Horizont anfängt.

Noch weiter wird der Horizont, wenn man über den Rüssenberg auf den Hegenscheid gelangt, von wo bei schönem Wetter Segelflugzeuge und Motorsegler starten. Für einen guten Ausblick muss man allerdings nicht abheben, auch so kann man bis ins Ebbegebirge und nach Lüdenscheid schauen.

Mit dem Wind im Rücken geht es Richtung Toter Mann, einem Bergrücken, der seinen Namen dem Versiegen des hiesigen Eisenerzvorkommens um 1600 verdankt. Beim Abstieg nach Altena erspäht man schon die Höhenburg, die auf einem Felssporn über der einstigen Drahtzieherstadt thront. Die 900 Jahre alte Burg Altena (www.maerkischer-kreis.de > Kultur & Tourismus > Burg Altena) lässt sich zu Fuß erklimmen, oder man nähert sich ihr unterirdisch: Ein Gang mit sagenhaften Gestalten wie Burghard, der Stollenfledermaus, und dem Heiligen Einhard führt tief hinein in den Burgberg, in die Altenaer Geschichte und zu dem Erlebnisaufzug, der einen in Sekundenschnelle zum oberen Burghof bringt.

Zurück nach unten geht es zu Fuß und durch die Gassen der Altstadt zu den Lenneterrassen, die sich im Sommer in eine Open-Air-Bar verwandeln. Das prickelnde Kaltgetränk mit Blick auf die Burg hat man sich jetzt wahrlich verdient.

FAZIT: PANORAMAREICHE STRECKENWANDERUNG OBERHALB DES MÄRKISCHEN LENNETALS ZU EINER MITTELALTERLICHEN RITTERBURG MIT DER ERSTEN JUGENDHERBERGE DER WELT.

Hin & weg: Mit dem Bus ab Neuenrade-Bahnhof (Linien 60, 260, 274) oder Werdohl-Bahnhof (Linie 260) bis Neuenrade-Wilhelmshöhe, Start Ecke Werdohler Str./Altenaer Str. Ab Altena mit dem Zug zurück nach Werdohl (RB91 oder RE34).

Beste Zeit: Im Sommer, wenn die Getreidefelder in vollem Saft stehen. Ganzjährig begehbar.

Dauer & Strecke: 4,5 Std. reine Wanderzeit für gut 17 km. Mit Pausen und Burgbesichtigung einen ganzen Tag einplanen.

Ausrüstung: Genügend Proviant, bequeme Schuhe, Fernglas.

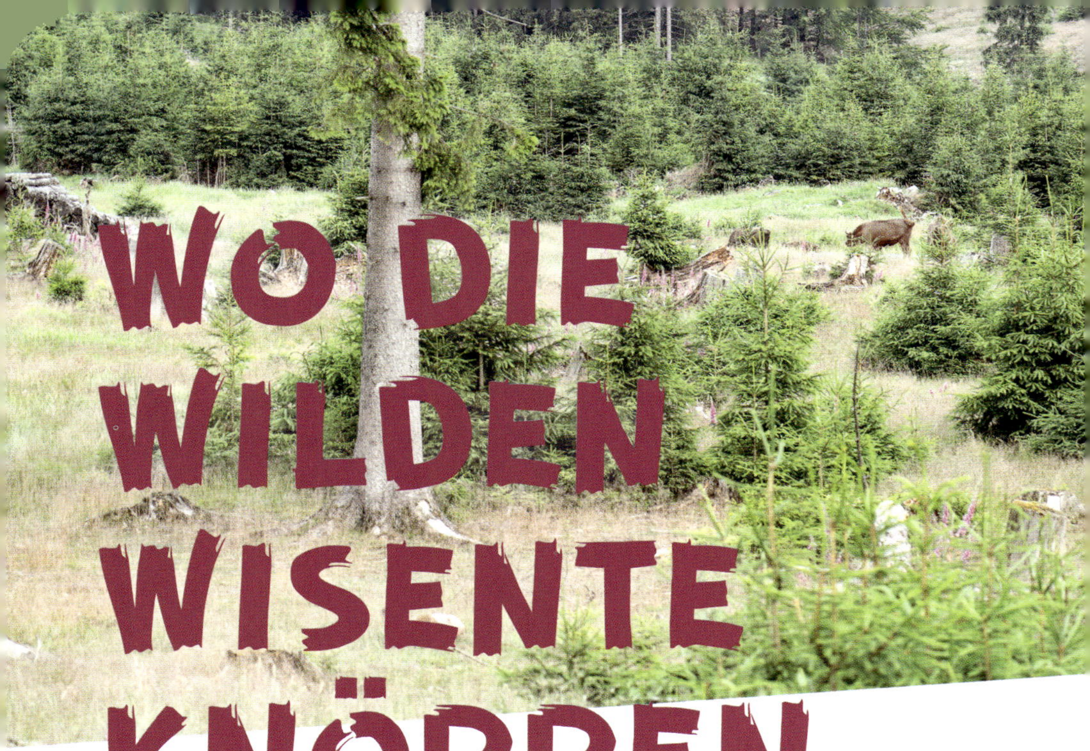

WO DIE WILDEN WISENTE KNÖRREN

… von Wingeshausen über Jagdhaus

#31

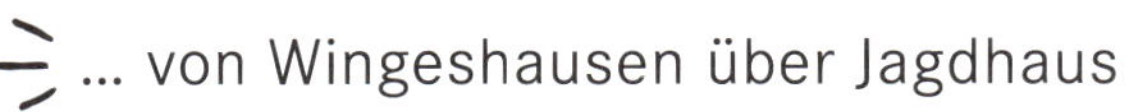

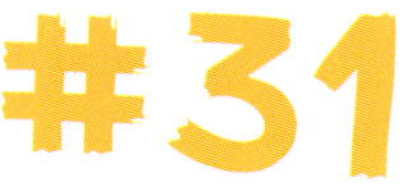

Sie sind zottelig, scheu und gutmütig, ihren Tag verbringen sie gerne dösend und Grünzeug knabbernd in der Sonne. Wanderern des Wisent-Pfads gehen sie bei ihren Streifzügen durch die Wittgensteiner Wälder lieber aus dem Weg, Gästen der Wisent-Wildnis zeigen sie durchaus ihre Schokoladenseite.

#WisenteinfreierWildbahn #EuropäischerBison #Artenschutzprojekt

Wisente sind eine imposante Erscheinung. Ihre liebsten Freizeitbeschäftigungen? Essen und Schlafen.

Von Spanien bis zum Kaukasus bevölkerten wilde Wisente einst Wälder und Wiesen, bis die europäische Verwandtschaft des amerikanischen Bisons vor etwa 100 Jahren in freier Wildbahn als ausgestorben galt. Heute hört man bei Wingeshausen wieder das Getrappel der dunkelbraunen Paarhufer, die mit ihrem Zottelfell aussehen, als ob sie einen Bad-Hair-Day hätten.

Dass die hochbeinigen Kolosse mit dem markanten Rücken und den gebogenen Hörnern im Rothaargebirge wieder in ihrem natürlichen Habitat leben dürfen, ist einem in Westeuropa einzigartigen Artenschutzprojekt zu verdanken. Eine Herde wurde in den Wäldern um Wingeshausen und Jagdhaus ausgewildert, eine zweite Herde lebt auf naturnahem Gelände.

Ausblicke und frische Waffeln genießen kann man am idyllisch auf einer Anhöhe oberhalb von Wingeshausen gelegenen Sonnenhof. Auf diesen stößt man etwa nach zwei Dritteln der Rundwanderung.

Nach den Bewohnern der Wisent-Wildnis (www.wisent-welt.de) kann man auf einem drei Kilometer langen Erlebnispfad Ausschau halten. Hat der Ranger die Kuhmädels und Bullenjungs frühmorgens noch gemeinsam an exponierter Stelle frühstücken sehen, etwa am Dachsbau oder der Steinbastion, haben sich Quirly, Quaida, Quercus, Quino und der Rest der Bande möglicherweise wieder an den Bach im Wald zurückgezogen, wenn die ersten Gäste eintrudeln.

Mit etwas Glück erblickt man sie dort aus der Ferne oder trifft auf einen Nachzügler, der sich ein wenig tiefer in die dunklen Augen schauen lässt. Am besten mit gebührendem Abstand – zwar sind die Könige der Wälder friedliebend, doch mit ihren bis zu 900 Kilogramm ganz schöne Kaliber. Trotz ihrer üppigen Körpermaße können Wisente übrigens mit bis zu 60 Stundenkilometern durch die Gegend galoppieren. Ansonsten sind die Schwergewichte eher gemächlich unterwegs. Antworten auf die Fragen, ob Wisente auch Brötchen fressen oder sich muhend oder knörrend verständigen, gibt die Erlebnisaus-

---

Hin & weg: Parkplatz an der Wisent-Wildnis (Weidiger Weg 100, an der K42 zwischen Aue-Wingeshausen und Schmallenberg-Jagdhaus).

Beste Zeit: Ganzjährig möglich. Am schönsten im Sommer oder bei Schnee.

Dauer & Strecke: Knapp 4 Std. für die 13 km lange Wanderung. Mit Besuch der Wisent-Wildnis und Einkehren im Sonnenhof oder in der Wisent-Hütte einen ganzen Tag einplanen.

Ausrüstung: Feste Schuhe, Fernglas, Snacks, Getränke.

Augen auf: Vielleicht erspäht man in den Wäldern doch noch ein Mitglied der freilebenden Wisentherde?

stellung an der Wisent-Hütte. Dort startet auch der Wisent-Pfad, eine abwechslungsreiche Rundwanderung, bei der man dem Wisent aufgrund der Weitläufigkeit der Wälder allerdings eher in Form eines Wanderzeichens als in natura begegnet. Dennoch eine lohnende Tour durch malerische Täler und hohe Wälder mit Pfaden und Höhenwegen mit Aussichten auf das Wittgenstein und das Schmallenberger Sauerland. Dabei folgt man dem auf dem Rücken liegenden weißen R.

Von der Wisent-Welt geht es am Parkplatz Mondscheinbank vorbei auf den Grenzweg und den Rothaarsteig, der einen bis Jagdhaus begleitet. Durch das Ihrige-Tal gelangt man zum Grillplatz Bockeshorn, der sich für einen Stopp anbietet, bevor man über luftige Waldwege ins Bockeshorntal wandert. Dort passiert man den Forellenhof und erreicht Wingeshausen. Hoch über dem Ort liegt der Sonnenhof mit seinem Hofcafé (www.sonnenhof-cafe.de), wo man sich im Strandkorb oder an den Holztischen an der Wiese Waffeln oder hausgemachten Kuchen schmecken lassen kann. Einige Meter weiter zeigt ein hölzernes Wisent, wo es lang geht – über Pfade ins Rohrbachtal und zurück zur Wisent-Welt.

FAZIT: AUF DEN SPUREN EINES URIGEN RINDVIECHS, DAS SICH KOMPLETT VEGETARISCH ERNÄHRT, KEINE QUASSELSTRIPPE IST UND DEN MÄDELS DIE FÜHRUNG ÜBERLÄSST.

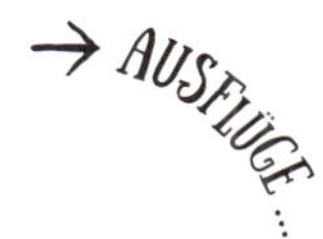

PADDEL-POWER PUR

#32

Wasser ist das Elixier des Lebens, seine Anziehungskraft nahezu magisch. Am Meer, am Fluss, am See – schon dort zu sitzen und auf das türkise, grüne oder blaue Nass zu schauen lässt die Endorphine tanzen. Das kann noch getoppt werden, indem man ein Kajak schnappt und dem Alltag davonpaddelt.

#Kajaktour #Doppelpaddeln #Wassersportvergnügen #Seenliebe

Auf den weitläufigen Liegewiesen an der Berghauser Bucht findet man auch im Hochsommer ein Plätzchen.

Zugegeben, blickt man von der Berghauser Bucht nach Norden, wirkt die Henneseetalsperre im ersten Moment recht urban. Hinter dem Damm, der den gleichnamigen Nebenfluss der Ruhr zum Hennesee aufstaut, erheben sich die Häuser von Meschede. Dieser Eindruck ändert sich allerdings rasch, wenn man aus der Bucht Richtung Süden abdreht. Dort wartet Natur pur. Schier endlos wirkende Wälder schmiegen sich links und rechts an die Uferseiten. Ein Farbpotpourri aus allen möglichen Blau- und Grüntönen, felsige Landzungen – fast kommt es einem vor, als paddele man mit seinem Sit-on-top-Kajak durch die unberührte Wildnis Kanadas. Dabei befindet sich dieses kleine Juwel mitten im Hochsauerland, am nördlichen Rand des Naturparks Sauerland Rothaargebirge. Über eine Breite von bis zu einem Kilometer und einer Länge von sechs Kilometern erstreckt es sich bis hinter Mielinghausen.

Wer geübter im Kajakfahren ist, wird nahezu geräuschlos über das Wasser gleiten. Und nicht bei jedem Schlag mit dem Doppelpaddel die Beine mit Wasser überspülen. Dafür sorgen die leichten Wellen von ganz alleine. Im Gegensatz zu klassischen Kajaks, in denen man bis zur Taille unter einer Abdeckung sitzt, haben Sit-on-Top-Kajaks ein offenes Deck. Das Wasser fließt aber durch kleine Löcher von alleine ab. Und sollte man wider Erwarten einmal kentern, ist man in Nullkommanichts hinausgehüpft.

Kajaken ist wie Fahrradfahren – nach ein paar Übungsschlägen weiß man schnell, was zu tun ist, um die Ausfahrt ins Blaue vollends zu genießen. Paddel links eintauchen, Paddel rechts eintauchen, sich in dem gepolsterten

---

Hin & weg: Parkplatz Berghauser Bucht an der B55 südlich von Meschede, von dort 5 Fußminuten zum Verleih.

Beste Zeit: In den Sommermonaten bei ausreichend hohem Wasserstand.

Dauer: Je nachdem, wie gut die Oberarme trainiert sind, 1–2 Std. für das Paddeln einplanen. Am besten direkt einen ganzen Wassertag daraus machen.

Ausrüstung: Drybag, Aquaschuhe, Badesachen. Kajak ausleihen bei Wassersport Hennesee (www.wassersport-hennesee.de).

Kajaken direkt vor den Toren der Stadt, das geht in Meschede. Von der Berghauser Bucht kann man auch in Richtung Damm und Himmelstreppe paddeln.

Kajaksitz zurücklehnen, innehalten, vor Zufriedenheit seufzen und einfach diese Magie spüren, die die chemische Verbindung mit dem Kürzel H_2O ausübt. Damit das Entspanntsein möglichst lange anhält, den restlichen Tag schwimmend oder schlummernd am Strand der Berghauser Bucht verbringen. Oder einfach nur aufs Wasser gucken. Zur Terrasse des Restaurants H1 (www.h1amsee.de) am See sind es nur ein paar Schritte, und nach einem Salat Berghausen oder Salat Hennesee sind die paddelmüden Muskeln garantiert wieder munter.

FAZIT: DIE BERUHIGENDE WIRKUNG VON WASSER SPÜREN UND SICH GLEICHZEITIG EINE RUNDE AUSPOWERN.

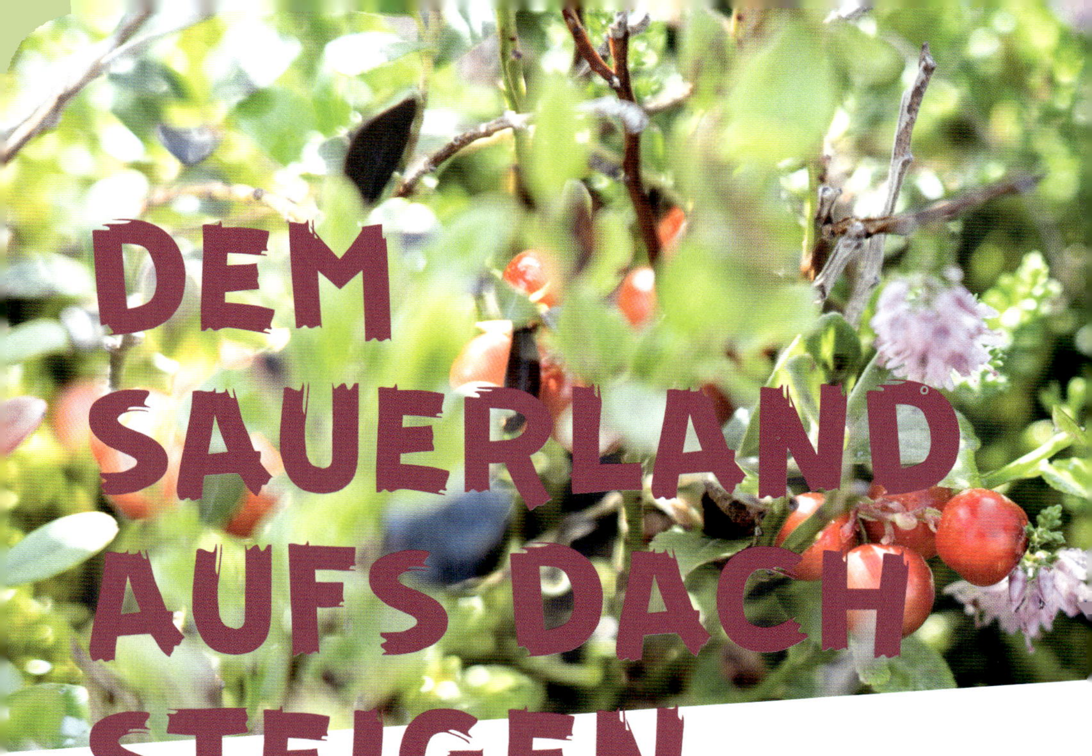

DEM SAUERLAND AUFS DACH STEIGEN

… von Westfeld auf den Kahlen Asten

#33

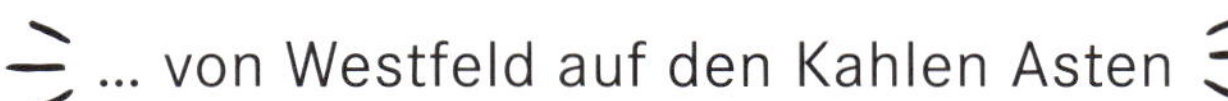

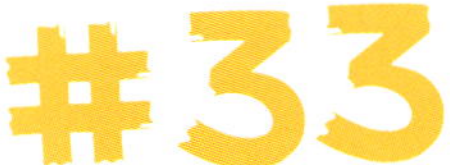

Wer nicht auf dem Kahlen Asten war, hat das Sauerland nicht gesehen. So einfach ist das. Sich einmal auf dem Berg aller Sauerländer Berge den Wind um die Nase blasen zu lassen und durch die Hochheide zu streifen ist ein Muss. Vor allem, wenn sich diese im Spätsommer blau und lila färbt.

#KahlerAstenSteig #DachWestfalens #Heideblütenzauber #Blaubeermeer

Auf dem Kahlen Asten entspringt die Lenne. Bei Hagen mündet sie in die Ruhr.

Viele Wege führen nach Rom und auf den Kahlen Asten. Da die direktesten Wege oft die langweiligsten sind und ein längerer Anmarsch die Vorfreude erhöht – wie wäre es mit dem Kahlen Asten-Steig? Bei dieser Route, die in Westfeld startet, nähert man sich dem Dach des Sauerlands gemächlich.

Zunächst geht es östlich von Ohlenbach durch das Feuchtgrünland am Schwarzen Siepen. Das liegende weiße R und das goldene G zeigen an, wann der Anstieg beginnt. Langsam, aber stetig windet sich der Weg nach oben. An den Jagdhütten kann man verschnaufen, bevor man über den Abenteuerpfad am Hintersten Hohen Knochen und nach einem abenteuerlichen Abstecher durch eine Schlucht die Kuppe des Kahlen Asten erreicht. Hat der Anstieg noch zu Hitzewallungen geführt, wird man sich nun freuen, etwas

Um auf den zweithöchsten Berg Nordrhein-Westfalens zu gelangen, sind ein paar Höhenmeter zu meistern.

zum Überziehen dabeizuhaben. Durchschnittlich vier bis fünf Grad kälter als im Tal ist es hier oben auf 841 Metern, dazu pfeift es ganz ordentlich. Das kommt von den atlantischen Westwinden, in deren Einfluss der Kahle Asten liegt. Deswegen bleiben auch im Sommer häufig die Wolken hängen, während im Tal die Sonne scheint. Im Herbst und Winter ist es oft umgekehrt.

Das feucht-kühle Klima tut der Pflanzenwelt auf dem flachen Rücken des zweithöchsten Bergs Nordrhein-Westfalens keinen Abbruch. Nicht nur Besenheide, auch Blaubeeren und Preiselbeeren gedeihen prächtig. Im Spätsommer kann man das Farbenschauspiel aus leuchtend lila Heideblüten, violett-blauen Heidelbeeren und rot glänzenden Preiselbeeren bei einer Umrundung der Hochheide aus nächster Nähe bewundern. In die Ferne schweifen lässt man den Blick vom Astenturm (astenturm.com). Bei gutem Wetter reicht die Sicht bis zum Brocken im Harz. Ist es wolkig, erspäht man zumindest die Ziegen und Schafe, die neben dem Turm weiden und auf ihren Einsatz als Rasenmäher auf der Heidefläche warten, damit diese üppig nachwächst. Apropos essen: Der Astenturm beherbergt auch ein Restaurant.

Nachdem man an der Lennequelle links abgebogen ist, bietet sich die letzte Chance, ein paar der säuerlich-herben Beeren zu vernaschen oder es den Sammlern gleichzutun und sich mit einer Dose zwischen die Sträucher zu hocken. Für den Hausgebrauch zu pflücken ist ausdrücklich erlaubt. Alternativ steuert man später das Pannenkoekenhuis in Winterberg (brabander.de) oder den Gasthof Zur Post in Neuastenberg (www.zurpost-bremerich.de) an, die während der Saison köstliche Blaubeerpfannkuchen auf der Karte haben.

Vorher steht jedoch der Abstieg auf dem Programm. Man streift erneut die Jagdhütten und wandert durch den Wald hoch zum Vordersten Hohen Knochen. Von der Bank kann man nochmal den Blick über die Sauerländer Bergwelt streifen lassen, bevor es über steile Wald- und Wiesenpfade hinunter nach Westfeld geht.

Die tierischen Bewohner des Kahlen Asten können es kaum erwarten, dass die Heide verblüht und die letzten Blaubeeren geerntet sind, dann dürfen sie nämlich die Heideflächen abgrasen.

Hin & weg: Mit dem Bus S40 von Winterberg oder Schmallenberg bis Westfeld, Haltestelle Sportplatz. Start bei den Parkplätzen am Skilanglaufzentrum bzw. am Dorfpark.

Beste Zeit: Im August, wenn die Heide blüht und die Blaubeeren in vollem Saft stehen.

Dauer & Strecke: Knapp 5 Std. reine Gehzeit für 15 km. Am besten den ganzen Tag einplanen.

Ausrüstung: Wanderschuhe mit gutem Profil, Wasser, Behälter mit Deckel.

FAZIT: MIT DEM AUTO AUF DEN VATER DER SAUERLÄNDER BERGE FAHREN KANN JEDER. ZU FUß HAT MAN SICH DEN KAHLE-ASTEN-BLAUBEERPFANNKUCHEN REDLICH VERDIENT.

AUF HÖHEN UND AN GRENZEN GEHEN

Tiefenrausch, Höhenrausch – unter Wasser und auf dem Berg kann zu wenig Sauerstoff Euphorie, aber auch unerwünschte Effekte hervorrufen. Reich an frischer Luft und grenzenlosen Aussichten sowie garantiert nebenwirkungsfrei ist der Wanderrausch, der sich auf den Höhen bei Hallenberg einstellt.

#HallenbergerGrenzweg #Nonnenwinkel #Pastorenwiese #Hüttenzauber

Im südöstlichen Zipfel des Sauerlands liegt Hallenberg, eines jener pittoresken Örtchen mit schwarz-weißer Fachwerkkulisse und kopfsteingepflastertem Marktplatz, von denen man denkt, es gebe sie nur auf Postkarten. Gegründet wurde es vom kurkölnischen Herzogtum Westfalen als Grenzfeste gegen Hessen, Waldeck und Wittgenstein. Die Geschichte aus dieser bewegten Zeit wird auf dem Hallenberger Grenzweg ein Stück weit wieder lebendig. Vor allem aber bringt einen der Rundweg hoch hinaus in den Hallenberger Wald mit seinen berauschenden Aussichten.

Hin & weg: Mit dem Bus S50 von Winterberg nach Hallenberg. Wanderportal am Marktplatz (Am Kump) unterhalb der Kirche St. Heribert.

Beste Zeit: Sommer. Auch im Frühling und Herbst geeignet.

Dauer & Strecke: Mit Pausen und Einkehr 5–6 Std. für die 15 km lange Rundtour einplanen.

Ausrüstung: Feste Schuhe. Genügend Wasser und Proviant (Skihütte nur am Wochenende geöffnet).

Die ersten Blicke auf das malerisch im Nuhnetal gelegene Hallenberg lassen sich erhaschen, während man auf dem Heideweg schnell an Höhe gewinnt. Ein Abzweig von der mit H5 markierten Route führt zum Heidekopfturm. Der 13 Meter hohe hölzerne Aussichtsturm lässt einen über die Medebacher Bucht und über Teile des Rothaargebirges gucken.

Vom 703 Meter hohen Heidekopf wandert man am Hundsrücken entlang zur Sperrweghütte. Ein von tiefgrünen Farnen und bemoostem Totholz gesäumter Waldweg bringt einen zum Gaulskopfkreuz. Ein Schild an dem Gedenkstein erzählt von der dramatischen Ge-

Der Hallenberger Grenzweg geizt weder mit weiten Wiesen noch mit weiten Blicken. Eine abwechslungsreiche Rundtour, die einen zudem etwas über die Geschichte der Region lehrt.

schichte, die sich hier zugetragen hat. Ebenfalls geschichtsträchtig ist der Nonnenwinkel, den man auf dem Weg in das obere Bubenkirchbachtal passiert. Wo heute eine Mauer aus groben Steinen im Erlenbruchwald steht, soll sich einst ein Kloster nebst Klostergarten befunden haben.

Folgt man dem Bubenkirchbach, gelangt man in ein Hochtal. Pastorenwiese heißt dieses grüne Paradies, das mit seinen hügeligen Wiesen wie eine Alm anmutet. Am Wochenende kommt man in der Hütte des Skiclubs Wunderthausen (sk-wunderthausen.de) in den Genuss kleiner Gerichte, ansonsten lässt sich dieses idyllische Fleckchen auch bei einem mitgebrachten Snack auf einem Baumstamm oder der Wiese genießen. Entlang historischer Grenzsteine wandert man am Fuße des Kleinen Hohen Steins zurück nach Hallenberg, ob berauscht oder nicht – auf jeden Fall mit viel Sauerstoff im Blut.

FAZIT: EINE SPORTLICHE WANDERUNG ENTLANG HISTORISCHER GRENZEN, DIE EINEN JEDOCH NICHT AN KÖRPERLICHE GRENZEN BRINGT.

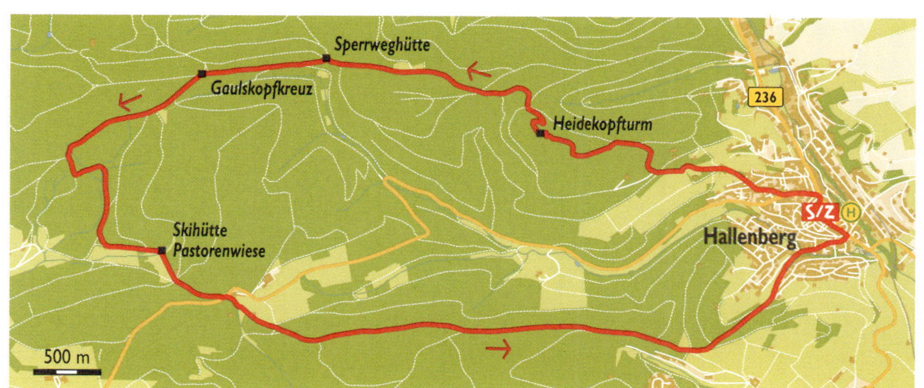

EINE SONNEN-BLUME IM KORNFELD

... ab Balve durch das Hönnetal

#35

Wenn die Felder abgeerntet sind, die Hitze einer angenehmen Frische weicht und alles etwas leiser wird, dann nimmt der Sommer langsam Abschied. Der perfekte Moment für eine Radwanderung durch das hügelige Hönnetal mit seinen Naturschönheiten und Industriedenkmälern.

#Sonnenblumen&Stoppelfelder #WiesenWälder&Weiler #Luisenhütte

Rund um Balve laden wunderschöne Radwege zu einem entspannten Ausflug auf zwei Rädern ein.

Als schwer passierbar galt das Hönnetal mit seiner Karstlandschaft. Bis 1912 eine Bahnlinie von Menden über Balve nach Neuenrade eingerichtet wurde, war die einst wildromantische Gegend nur per Postkutsche an den Rest der Welt angeschlossen. Das Herz des Tals schlägt in Balve, dessen Dörfer und Weiler sich in einer weitläufigen Hügellandschaft zerstreuen. Diese lässt sich wunderbar mit dem Fahrrad durchstreifen.

Von Balve geht es Richtung Langenholthausen. Links und rechts der Straße zeugen Gruben von der Bergbauvergangenheit. Am Ortsausgang von Langenholthausen verlässt man die Sundener Straße und radelt entlang des Flüsschens Borke über Wiesen- und Waldwege zur Luisenhütte in Wocklum (www.maerkischer-kreis.de > Kultur & Tourismus > Luisenhütte). Das Industriemuseum beherbergt die älteste vollständig erhaltene Hochofenanlage Deutschlands. Bis Mitte des 19. Jahrhunderts wurde hier Eisen verhüttet – nur mit Wasserkraft und Holzkohle. Der Einblick in die Industriegeschichte des märkischen Sauerlands und benachbarten Ruhrgebiets

lässt sich mit einem Getränk im ehemaligen Arbeiterwohnhaus der Luisenhütte oder im Biergarten abrunden.

Über die Wocklumer Allee gelangt man in das Orlebachtal mit dem Wasserschloss Wocklum, das sich im Besitz eines alten, westfälischen Adelsgeschlechts befindet. Ab hier heißt es kräftig in die Pedale treten bis oberhalb des Trostwalds, von dort geht es dann relativ eben um den Burgberg herum. Bei der Abfahrt nach Mellen kann man einen Stopp an der Aussichtsplattform einlegen.

Von Mellen folgt man dem Hohlen Weg, lässt grüne Wiesen mit Kühen und Stoppelfelder mit bunten Blühstreifen an sich vorbeiziehen und genießt die Weitblicke auf die Mittelgebirgslandschaft. Ab der Melscheder Mühle rollt man bis Beckum. Durch Felder und Wiesen radelt man bis Grübeck und wappnet sich für das knackigste Teilstück der Tour hoch nach Eisborn. Über den Grübecker Berg gelangt man nach Binolen. Dort bietet sich ein Abstecher zur Reckenhöhle (www.reckenhoehle.de) an, eine von über 110 Kalksteinhöhlen im Hönnetal.

Am Waldrand radelt man gemütlich nach Volkringhausen, wo man auf die Hönne und ein steinernes Häuschen an einer steinernen Brücke trifft. Das in der alten Schmiede untergebrachte Wandercafé (wandercafe-alte-schmiede.de) hält am Wochenende Kaffee und Kuchen bereit, selbstverständlich auch für Radwanderer. Auf der Weiterfahrt streift man erneut Beckum, bevor es über Feldwege zurück nach Balve geht.

Am Wegesrand gibt es immer wieder kleine Schönheiten zu entdecken, egal ob bunte Feldblumen oder entzückende Cafés, in denen man gerne etwas länger verweilen möchte.

Hin & weg: Mit dem Zug RB54 aus Richtung Fröndenberg oder Neuenrade bis zum Bahnhof Balve, dem Startpunkt.

Beste Zeit: Im Sommer. Auch für Frühling oder Herbst geeignet.

Dauer & Strecke: Gut 3 Std. Fahrzeit für knapp 31 km. Mit Pausen und Besuch von Reckenhöhle und Luisenhütte etwa 5–6 Std. einplanen.

Ausrüstung: Fahrradhelm und -handschuhe, etwas zu trinken, Obst oder ein Butterbrot für alle Fälle.

FAZIT: EINE NICHT ZU ANSTRENGENDE RADTOUR DURCH WIESEN UND FELDER UND ZU DEN HAUPTSEHENSWÜRDIGKEITEN IN UND UM BALVE.

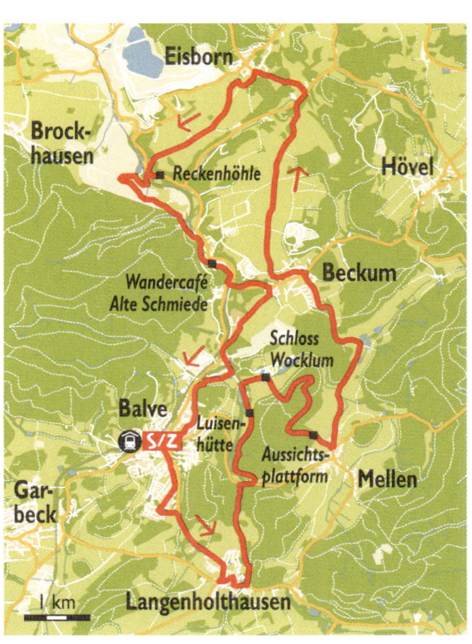

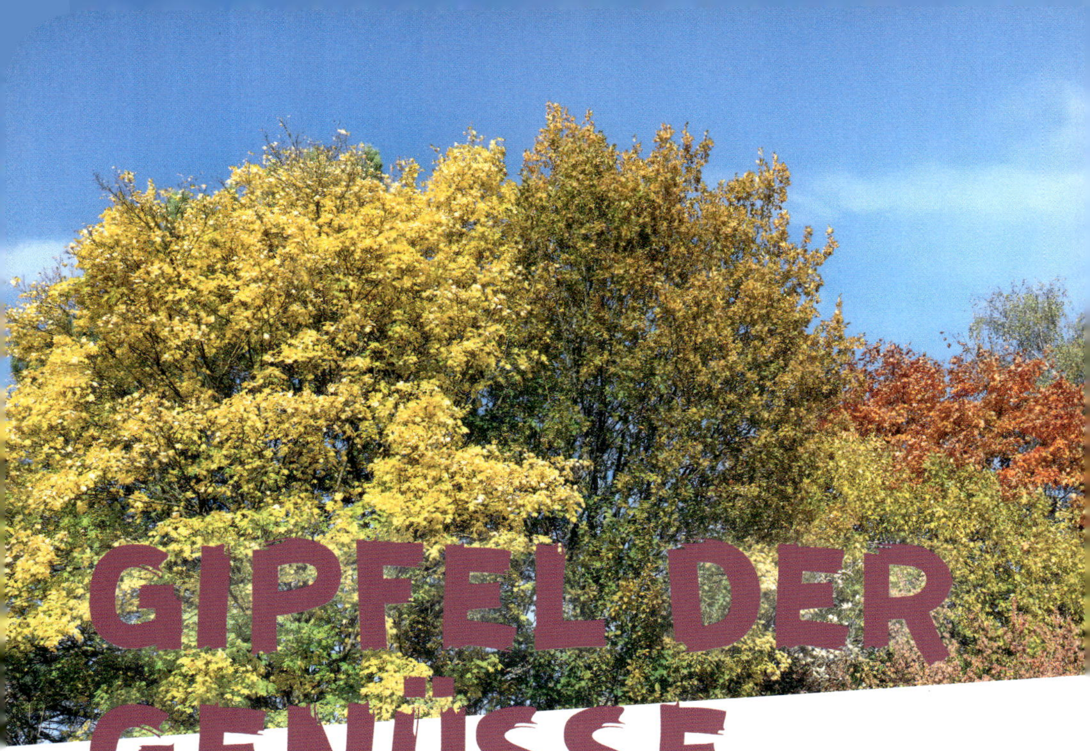

GIPFEL DER GENÜSSE

... um Medelon, Berge und Dreislar

#36

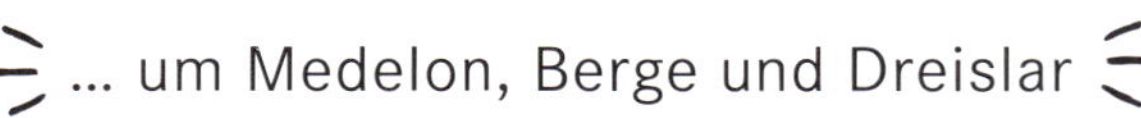

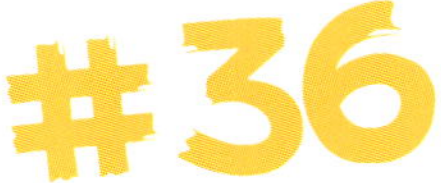

Genießen macht glücklich, das gilt nicht nur für langsam im Mund schmelzende Schokolade, sondern auch für die kleinen Genussmomente beim Wandern. Wie etwa dieses Gefühl von grenzenloser Weite, das sich beim Anblick scheinbar endloser Landschaften in einem ausbreitet.

#Orketalrundweg #offeneWiesen&Felder #WandernistWellness #MedebacherBucht

Wellness und Wandern ist die ideale Kombination, zu finden auf dem Orketalrundweg.

Genuss, was ist das eigentlich? Definitiv mehr als das bewusst erlebte Vergnügen bei der Zuführung eines wohlschmeckenden Lebensmittels. Unter Genuss versteht man gemeinhin eine positive Sinneswahrnehmung, die ein wohliges Empfinden auslöst. Das kann kulinarischer, körperlicher oder geistiger Natur sein. Beim Wandern kommt man im wahrsten Sinne des Wortes in den Genuss aller drei Genüsse. Vor allem im Herbst. Wenn die Sonne ihre letzte Kraft zusammennimmt und einem nochmal ein paar warme Strahlen ins Gesicht schickt. Wenn sich die Blätter färben und man die Schuhe tief in raschelndes Laub graben kann. Wenn die Äpfel reif sind und in Streuselkuchenform im Rucksack darauf warten, vernascht zu werden. All das kann man auf einer herbstlichen Rundwanderung im Orketal von Medelon über Berge und Dreislar erfahren.

Schon der Weg vom Wanderparkplatz zum Dorfplatz in Medelon ist eine Sinnenfreude, wenn die morgendlichen Tautropfen auf den Grashalmen in der Sonne glänzen und das Plätschern der Orke den Tag einläutet. Auf der Wiese am Jugendzeltplatz isst man Kuchen

Wandern ist das ganze Jahr über eine der schönsten Freizeitbeschäftigungen. Im Herbst, wenn das Licht die Landschaft sanft umschmeichelt und das Laub leuchtet und raschelt, ist das Ganze nochmal schöner.

zum Frühstück oder beißt auch nur in einen saftigen Apfel frisch vom Baum – die ersten Herbstäpfel schmecken besonders intensiv. Ebenfalls etwas Besonderes ist es, die ersten bunten Blätter zu entdecken. Ausreichend Gelegenheit dazu bietet der Buchenwald, durch den man nach Berge wandert. Schlägt man den Feldweg Richtung Lückenkopf und Dreislar ein, will das Wanderherz gar nicht mehr aufhören zu hüpfen. Nicht vor Anstrengung, sondern angesichts der Weite, die sich vor und in einem ausbreitet, wenn man über die Felder in die Ferne blickt. Das Gute: Diese unglaublichen Fernsichten über die Medebacher Bucht kann man auf der Rundwanderung immer wieder genießen. So auch auf dem Kreuzberg oberhalb von Dreislar, von wo man nach einem Eintrag ins Gipfelbuch über einen steilen Pfad hinab ins Dorf wandert.

Der Gipfel der Genüsse wartet am Wellnessrastplatz unterhalb des Wanderparkplatzes Im Schwinkel. Wie unfassbar gut es sich anfühlt, den Rücken an den mit Walzen, Rippen und Noppen bestückten Massagebäumen entlangzustreichen! Fast ist man versucht, die Wanderung im Sitzlöffel oder auf der Relax-

---

Hin & weg: Mit dem Auto zum Wanderparkplatz Orketal an der L617 zwischen Hesborn und Medelon.

Beste Zeit: In den goldenen Herbstmonaten. Ganzjährig begehbar.

Dauer & Strecke: Mit Stopps am besten 5–6 Std. für die 16,5 km einplanen.

Ausrüstung: Turnschuhe mit griffiger Sohle, Proviant.

liege ausklingen zu lassen, würden auf dem Weg nach Medelon nicht weitere Panoramen warten. Gerade am späten Nachmittag überzieht die Herbstsonne alles mit einem nahezu goldenen Licht. Ein wahrer Genussmoment.

FAZIT: WANDERN IST WIE WELLNESS, WENN MAN SICH DIE ZEIT NIMMT, JEDEN MOMENT BEWUSST AUSZUKOSTEN.

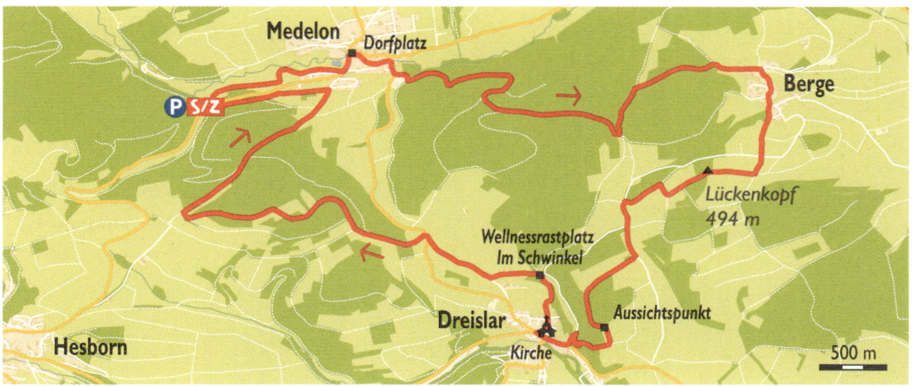

IN DER RUHE LIEGT DIE KRAFT

… rund um Helden im Repetal

#37

Ruhe findet man nur in sich selbst, heißt es. So viel Wahres steckt darin. Eine sichere Insel der Ruhe im Meer des Alltags ist die Natur. Sie hilft, die vielen offenen Tabs und Programme zu schließen und das System herunterzufahren. Eine Ruhewanderung um Helden zeigt, wie das geht.

#RuHepfad #NaturschafftRuhe #RuheistnichtgleichStille #Waldbibliothek

Die Kirche in Helden erspäht man dann und wann auch von oben, wenn man über die Höhenzüge wandert.

Auf Anstrengung sollte Ruhe folgen. Ruhephasen sind wichtig, um sich zu erholen, um den Akku aufzuladen. Doch was ist das eigentlich

– Ruhe? »Sei ruhig«, sagt man, wenn jemand still sein soll. Ist Ruhe also dasselbe wie Stille? Die komplette Abwesenheit von Tönen und Lauten? Nicht ganz. Ruhe kann auch geräuschvoll sein. So hat das Plätschern eines Wasserfalls auf die meisten Menschen eine beruhigende Wirkung.

Auf dem RuHe-Pfad (ruhe-pfad.de) probiert man dies nach dem Start am Pastors Hof unterhalb der Heldener Kirche am besten direkt aus. Der erste Stopp der Rundwanderung liegt nämlich an einem Wasserfall. RuHe-Pfad steht übrigens für »Rund um Helden« und beschäftigt sich auf der Hauptschleife an 16 Stationen mit den verschiedenen Facetten von Ruhe. Durch Wälder, Felder und Wiesenlandschaften wandert man in einem großen Bogen von Helden nach Niederhelden und Mecklinghausen und wieder zum Ausgangspunkt. Das Wanderzeichen – eine Schnecke – erinnert regelmäßig daran, worauf es ankommt.

Ein Hohlweg bringt einen auf den Sonnenberg. Federleicht läuft es sich auf der Schicht aus Laub, Nadeln und Geäst. Und nahezu geräuschlos. Diese Ruhe – oder ist es Stille? – wird durch ein geheimnisvolles Geräusch unterbrochen, das man allerdings nur wahrnimmt, wenn man bewusst hinhört. Es ist das Knistern einer Hochspannungsleitung. Wie es zu dieser technischen Ruhestörung kommt, erklärt eine anschauliche Informationstafel.

Apropos Technik: Schon lange, bevor Hochtechnologie die Welt immer schneller und

Plätze zum Verweilen findet man viele auf dem RuHe-Pfad, denn Pausieren und Sich-Zeit-Nehmen gehört zum Konzept, sei es beim Schmökern in der Ruhebibliothek oder bei einem Tee auf der Sonnenalm.

schnelllebiger gemacht hat, haben sich schlaue Köpfe damit beschäftigt, wie wichtig Ruhe für den Menschen ist. An einem Feldweg findet man Sinnsprüche von Ovid über Nietzsche bis Gandhi, die es sich zu merken lohnt.

Ruhe heißt unter anderem, innezuhalten. Die Möglichkeit dazu hat man beispielsweise auf der Sonnenalm, am Niederheldener Pilgerhäuschen, an dem einst Pilger auf dem Weg nach Santiago de Compostela pausierten, oder auf dem Kreuzberg mit seinen Kreuzwegstationen. »Eile langsam«, sagte der römische Kaiser Augustus. Sein Gehtempo testen kann man an einer entsprechenden Station, bevor man in der Ruhebibliothek – ganz in Ruhe – beim Lesen die Zeit und die Welt um sich herum vergisst.

FAZIT: KOMPLETTE STILLE FINDET MAN NICHT AUF DIESER ORTSNAHEN WANDERUNG, DAFÜR VIELE WERTVOLLE DENKANSTÖßE UND INFORMATIONEN RUND UM DAS THEMA RUHE.

Hin & weg: Mit dem Zug aus Richtung Dortmund/Essen/Hagen/Frankfurt/Siegen bis Lennestadt-Grevenbrück, weiter mit Bus R62 nach Helden, Haltestelle Helden-Mitte. Parken am Pastors Hof.

Beste Zeit: Im Herbst. Ganzjährig begehbar.

Dauer & Strecke: Ruhe heißt, sich Zeit zu lassen. Wer den Impulsen an den Thementafeln folgen möchte, sollte etwa 5–6 Std. für die 14 km einplanen.

Ausrüstung: Verpflegung, Schuhe mit Profilsohle.

WENN DIE KRISTALLE FUNKELN

... um Kirchrarbach und auf die Istert

Sind die Winternächte klirrend kalt und die Luft sehr feucht, stehen die Chancen gut, dass die Natur am nächsten Morgen mit einer dicken, weißen Raureifschicht überzogen ist. Und sich in Wäldern und Wiesen regelrechte Kunstwerke bilden, die es genauer zu betrachten lohnt.

#Golddorfroute #glitzerndeEiskristalle #KyrillHütte #warmanziehen

Klirrende Kälte im Winter legt eine dicke Raureifschicht und eine ganz besondere Stimmung über die Natur. Das gilt gleichermaßen für die Wintersonne über den weiten Tälern bei Kirchrarbach.

Zugegeben, bei Außentemperaturen im zweistelligen Minusbereich kostet es zuweilen Überwindung, das warme Bett zu verlassen und die Wanderschuhe zu schnüren. Doch bei blauem Himmel und strahlender Wintersonne ist der Ruf der Natur in der Regel lauter als der innere Schweinehund. Spätestens, wenn man sich beim Laufen auf Betriebstemperatur gebracht hat, ist man froh über den morgendlichen Frischluftkick.

Eine weitere gute Nachricht: Während es in den Tälern im Winter auch bei gutem Wetter oft den ganzen Tag schattig bleibt, bewegt man sich bei einer Höhenbergtour meistens auf der Sonnenseite. Das ist zumindest bei einer Wanderung rund um Kirchrarbach der Fall. Sobald man nach dem Start unterhalb der Kirche die ersten Höhenmeter hinter sich gebracht hat, läuft man der Sonne entgegen.

Über einen Feldweg gelangt man zu einer Flurkapelle, die dem Heiligen Rochus, dem Pestpatron, gewidmet ist. Hier lockt vor allem ein Blick in die Ferne, sei es über die Dächer

Auch Winterwald kann bunt. Die Tour hat übrigens einige Steigungen, die aber alle gut zu meistern sind.

Kirchrarbachs oder die weiten Felder. Doch man sollte auch den Boden und den Wegesrand näher in Augenschein nehmen. Gräser, Geäst, Tannenzapfen, Tannenzweige – alles ist mit filigranen Eiskristallen überzogen. Wie klitzekleine Sterne sehen die sechseckigen Gebilde aus.

Dem goldenen G auf rotem Grund folgt man dann bis Sellmecke, von wo man der Istert auf den Kopf steigt. Dazu geht es in Serpentinen und Kurven durch den Wald und über einen steilen Wiesenpfad auf einen Höhenweg. Auf dem wandert man um die 582 Meter hohe Istert herum. Hier oben schafft es die Sonne nicht, über den Berg zu hüpfen. Das macht aber gar nichts, denn so hält sich die Kristallschicht auf dem Ginster länger. Was für Kunstwerke die Natur doch schafft!

Am höchsten Punkt der Istert lädt die Kyrill-Hütte zu einer Pause ein. Die Hütte und das Mobiliar an dem lauschigen Platz sind komplett aus dem Sturmholz gezimmert, das der Orkan Kyrill 2007 hinterlassen hat. Nach einem heißen Tee wandert man hinunter nach Hanxleden, um auf der anderen Straßenseite in einem Buchenwald rasch wieder an Höhe zu gewinnen. Die Mühe wird belohnt, denn oben angekommen, wartet ein grandioser Ausblick nach dem anderen. Am Steimel heißt es, nochmal so viele Wintersonnenstrahlen wie möglich zu tanken, bevor es an der Kreuzkapelle über den Kreuzweg hinunter nach Kirchrarbach geht.

Hin & weg: Von Bad Fredeburg mit Bus 456 bis Kirchrarbach, Haltestelle Post. Parkplatz beim Wanderportal Kirchrarbach unterhalb der Kirche.

Beste Zeit: Im Winter bei frostigen Temperaturen, strahlender Sonne und klarer Sicht. Auch im Herbst wunderschön.

Dauer & Strecke: Mit gemütlichem Gehen, Gucken und Pausen gut 5 Std. für 13,5 km.

Ausrüstung: Thermosflasche mit Tee, Verpflegung, Fernglas.

FAZIT: EINE GEMÜTLICHE RUNDTOUR MIT ZAHLREICHEN AUSSICHTSMÖGLICHKEITEN AUF KIRCHRARBACH, DAS RARBACHTAL UND DIE UNENDLICHEN HÜGELKETTEN DES SAUERLANDS.

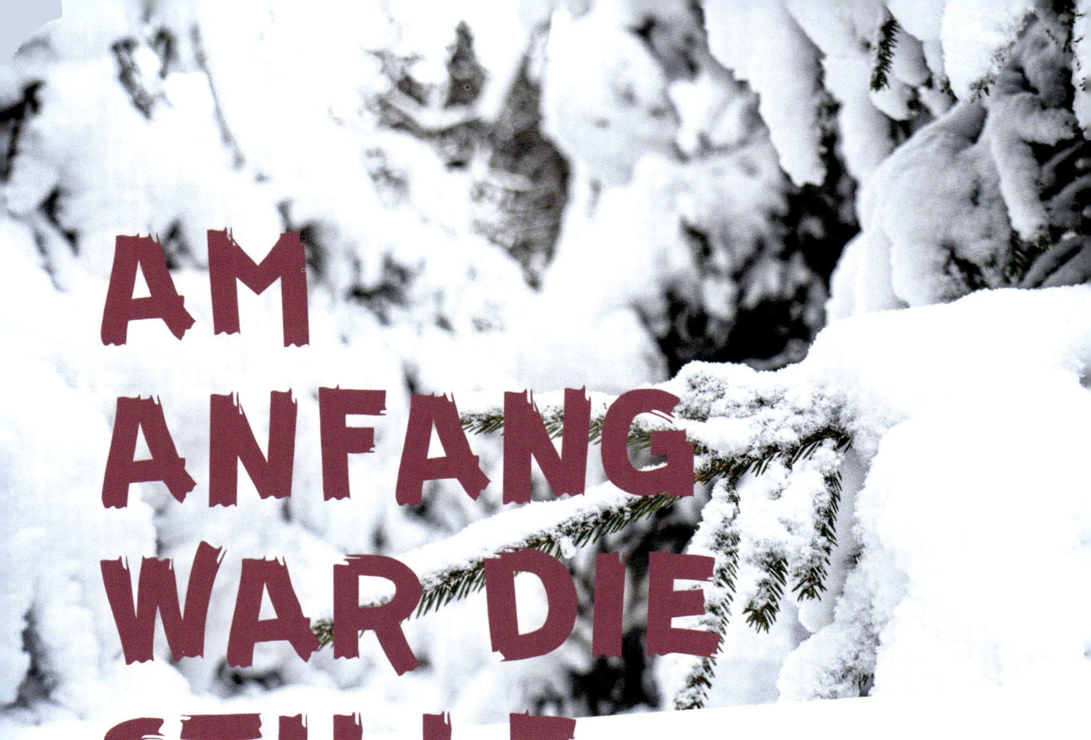

AM ANFANG WAR DIE STILLE

… rund um Jagdhaus und Heidkopf

#39

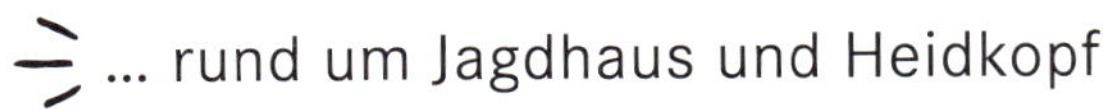

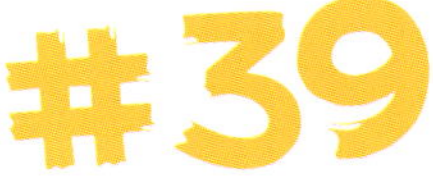

Wenn sich der Schnee wie Watte über die Landschaft legt, fühlt es sich so an, als ob jemand den Pausenknopf gedrückt hat. Die Geräusche des Waldes scheinen wie verstummt, die Natur ruht unter einer weißen Decke im Winterschlaf, und die Höhenlagen des Sauerlands werden zum Winterwanderland.

 #Schneeparadies #RivieraWeg #Millionenbank #Glühwein&Bratapfelkuchen

In Jagdhaus stehen die Chancen auf Schnee gut, selbst wenn im Tal alles grün ist.

Wo bitte schön soll denn hier Schnee liegen? Alles grün im Lennetal! Glücklicherweise ändert sich das Bild recht schnell, wenn man an der Kreuzung Richtung Jagdhaus abbiegt. Und was man unten nicht zu hoffen wagte, wird eine kurvenreiche Fahrt später wahr. Auf 650 Metern zeigt sich die vierte Jahreszeit von ihrer besten Seite: Willkommen im Winterwunderland!

Wie man hört, hört man nichts. Der weiße, weiche Teppich auf dem Riviera-Weg, in den man von der Jagdhauser Straße nahe dem Wanderparkplatz einbiegt, schluckt sämtliche Geräusche. Lediglich ein leises Knirschen ist zu hören, während man durch die winterliche Pracht stapft. Dass Schnee wie ein Schallschlucker wirkt, hat einen einfachen Grund. In den Flocken sind Luftblasen eingeschlossen, und Neuschnee besteht zu erstaunlichen 90 Prozent aus Luft. Auch für das Knirschen gibt es eine Erklärung: Mit jedem Schritt brechen Millionen von Eiskristallverbindungen gleichzeitig auseinander.

Vorbei an Tannen, deren Zweige sich unter der Schneelast biegen, Fichten, deren schlanke, hohe Stämme ein Schneekleid bekommen haben, und Sitzbänken mit Polstern aus Schnee folgt man dem Riviera-Weg, bis er in den Grenzweg mündet. Dieser ist ebenfalls mit dem Wanderzeichen J5 gekennzeichnet und führt zur Millionenbank. Die Archive besagen, dass hier bis 1923 eine besondere Buche stand. Angesichts der Hyperinflation hätte sie bei einem Verkauf Millionen eingebracht, doch letztlich war sie nicht einmal

Hin & weg: Zwischen Schmallenberg und Jagdhaus verkehrt ein Wanderbus (2-mal am Vormittag, 1-mal am Nachmittag). Mit dem Auto zum Parkplatz am Wanderportal Jagdhaus.

Beste Zeit: Im Winter, wenn es hier oben auf dem Rothaarkamm frisch geschneit hat.

Dauer & Strecke: Mit Pausen, Schneeballschlacht und Aufwärmen im Schäferhof etwa 5 Std. für die 11,5 km lange Rundtour.

Ausrüstung: Hohe Wanderschuhe mit rutschfester Sohle, Thermosflasche mit heißem Tee, Kekse.

Zieht der Wald sein weißes Kleid an, heißt es, rein in die Wanderschuhe, Mütze aufsetzen und der Winterstille lauschen. Vielleicht auch eine Runde Frau Holle spielen oder einen Schneemann bauen.

das Papier wert, auf dem das Geld gedruckt war. Als die Buche gefällt wurde, machte man deshalb kurzerhand eine Sitzbank aus ihr. Die Originalbank gibt es heute nicht mehr; an sie erinnert eine Schutzhütte.

In großem Bogen geht es um die Kleine Barmicke. Abgesehen von dem einzigartigen Gefühl, durch frischgefallenen Schnee zu laufen, kann man die Aussicht über das Latroptal und das darüber liegende Waldreservat Schanze genießen. Ein steiler Pfad führt hinunter auf den Rothaarsteig. Dem Schild J2 folgend, wandert man an der Biathlonanlage vorbei, wechselt auf die andere Straßenseite und gelangt über den von Tannen gesäumten Pfad auf den Weg J3. Dieser umrundet den Großen Heidkopf und beschert weite Ausblicke über das Lennetal mit dem Örtchen Fleckenberg und die umliegenden Berge.

Zurück an der Wegkreuzung folgt man dem Weg F1 am Kleinen Heidkopf vorbei zurück nach Jagdhaus. Sollten Zehen, Finger und Nase durchgefroren sein: Die Gaststube des Schäferhofs (www.schaeferhof.com) hat einen Kamin, Glühwein und hausgemachten Bratapfelkuchen im Angebot.

FAZIT: DAS HÖHENDORF JAGDHAUS IST EIN ECHTES PARADIES FÜR EINE WINTERLICHE RUNDTOUR AUF BREITEN WEGEN, DIE AUCH BEI SCHNEE NICHT ZU ANSTRENGEND IST.

ENTENTANZ IM SCHNEE

... von Neuastenberg nach Langewiese

#40

Meterhohen Schnee wie in der arktischen Wildnis oder der mongolischen Steppe hat die Sauerländer Bergwelt nicht ganz so oft. Das sollte einen jedoch nicht davon abhalten, ein Paar Schneeschuhe unterzuschnallen und es denen gleichzutun, die so schon vor Tausenden von Jahren ihre Spuren zogen.

#Schneeschuhwandern #Zickzackkurs #Sonnenuntergangstour

Schneeschuhwandern in den Sonnenuntergang gefällig? Den bekommt man bei Langewiese präsentiert.

Die Idee ist ziemlich clever: Um nicht bei jedem Schritt im Schnee einzusinken, muss man lediglich die Trittfläche vergrößern. Mit dem Aussehen der tellerförmigen Gerätschaften aus Holz oder Leder, die man sich einst im schneereichen Nordamerika, dem Kaukasus und der Mongolei an die Füße band, haben moderne Schneeschuhe nicht mehr viel gemeinsam. Sie sind vorne leicht gebogen, haben einen Aluminiumrahmen oder sind aus leichtem Kunststoff. Zacken und Krallen auf der Unterseite sorgen für ausreichend Halt bei harschem Schnee und Eis. Man nutzt sie heute weniger aus praktischen Gründen, sondern zum Winterwandern in möglichst unberührter Natur abseits präparierter Wege. Ein bisschen unförmig sehen sie aus, erinnern fast an überdimensionale Entenfüße. Steht man zum ersten Mal auf Schneeschuhen, sind die anfänglichen Schritte möglicherweise etwas ungelenk.

Zum Einlaufen bietet es sich daher an, nicht direkten Kurs auf die Kuppe oberhalb der Postwiese in Neuastenberg zu nehmen, sondern den Hang in großen Spitzkehren zu erklimmen. Dabei kann man sich direkt an den Entengang gewöhnen, der einem dabei hilft, dass man nicht über die eigenen Füße stol-

Die Hügel und Berge rund um Winterberg sind prädestiniert zum Schneeschuhwandern. Selbst in nicht so tiefem Schnee ein wunderbares Vergnügen, bei dem man durchaus ins Schwitzen kommen kann.

pert – immer etwas breitbeinig, die Fußspitzen leicht nach außen. Oben am Astenweg angekommen, sind auch die Stockbewegungen mit dem Schritt in Einklang gebracht.

Ab jetzt heißt es auf dem Weg durch schneebedeckte Wiesen und Wälder Richtung Langewiese nur noch eines: genießen. Die herrlich frische Luft, die ganz viel Sauerstoff in die Lunge pumpt. Der Anblick der frischen Spuren in der sonst unberührten Schneedecke. Die Stille, wenn die Gespräche in der Gruppe verstummen, weil alle auf sich selbst konzentriert sind. Das Abenteuer, querfeldein zu laufen. Immer dahin, wo der Schnee am verlockendsten aussieht. Mit Schneeschuhen an den Füßen ist man flexibel. Das meditative Gefühl, wenn man im Gleichschritt wie in einer Seilschaft, nur ohne Seil, durch ein Schneefeld den nächsten Hügel hinaufwandert.

Schneeschuhwandern kann man wunderbar alleine, macht aber noch mehr Spaß in einer Gruppe mit Guide, der das Gelände und die

Schneeverhältnisse kennt. Und die besten Sonnenuntergangsplätze. Einen solchen findet man auf der Anhöhe hinter Langewiese. Sollte man vorher noch bedauert haben, dass so viele Wolken am Himmel sind, wird man jetzt belohnt. Denn hohe Wolken zaubern die spektakulärsten Sonnenuntergänge. Vor dieser Kulisse lässt es sich wunderbar pausieren und den mitgebrachten Glühwein oder Tee schlürfen.

Je nachdem, wie früh im Winter man diese Tour macht, liegt der Rückweg teils im Dunkeln. Das hat einen besonderen Zauber, vor allem, wenn der Mond hervorlugt. Wem nach so viel Bewegung an der kalten Winterluft nach einer deftigen Stärkung ist – die gibt es auf dem Rückweg im Berggasthof Zur Glocke (www.bergzeit-lenneplaetze.de) im Dörfchen Lenneplätze.

FAZIT: MIT SCHNEESCHUHEN NÄHERT MAN SICH DER NATUR AUF EINE GANZ BESONDERE WEISE. SELBST OHNE TIEFSCHNEE EIN GROßARTIGES ERLEBNIS.

Hin & weg: Von Bad Berleburg oder Winterberg mit dem Bus R28 bis Haltestelle Winterberger Straße in Neuastenberg. Parkplätze beim Skidorf Postwiese.

Beste Zeit: Januar–Mitte Februar; für den Sonnenuntergang gegen 15 Uhr starten.

Dauer & Strecke: Mit Anlegen der Schneeschuhe, Probelaufen, Verschnaufen und Einkehren etwa 4–5 Std. einplanen. Die Tour ist 8 km lang.

Ausrüstung: Bergstiefel, Gamaschen, Stirnlampe, Funktionskleidung. Schneeschuhe, Stöcke und geführte Touren bei Hochsauerland Sport (www.schneeschuh-sauerland.de).

---

3. KAPITEL MINIURLAUB

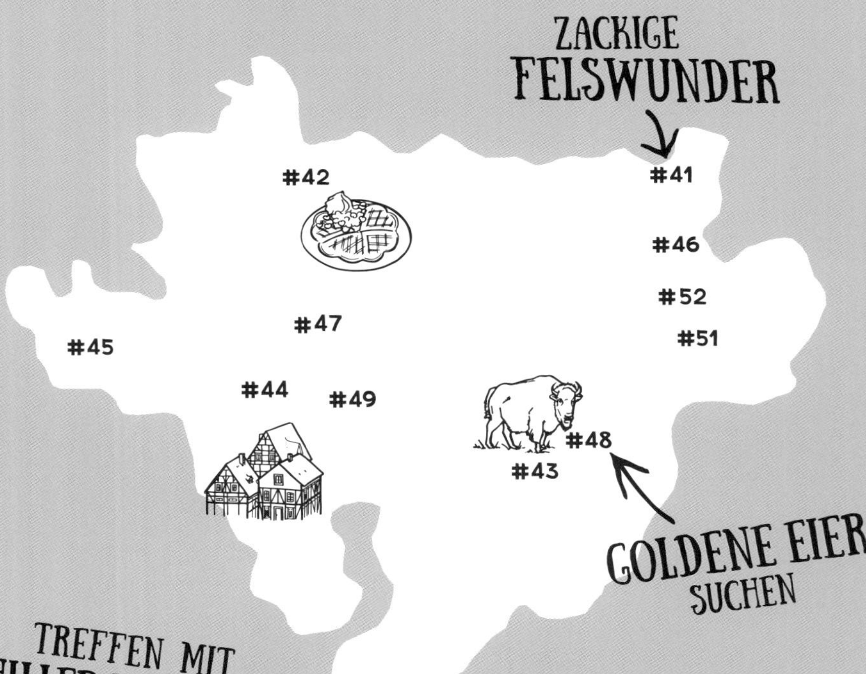

Ferien für ein Wochenende

Am Almenstrand die Füße in den Sand buddeln oder von plüschigen Alpakas träumen – da lässt das Urlaubsgefühl nicht lange auf sich warten.

36H

FELSIGE GIPFEL, SILBERNER SEE

... um die Bruchhauser Steine

#41

Felsen strahlen eine besondere Ruhe aus, lassen einen ehrfürchtig verstummen. Seit Millionen von Jahren stehen die vier zerklüfteten Steingiganten im Olsberger Sauerland unbeweglich da. Langsam nähert man sich ihnen bei einer Umrundung des Istenbergs.

#SchatzimSilbersee #Felsquartett #Gipfelkreuzkraxeln #Naturmonument

Steil, steiler, am steilsten: Über die Thomas-Neiss-Steige geht es hoch auf den Feldstein.

→ MINIURLAUB

Sie zeigen sich schon von Weitem, die vier mächtigen Felsen, die aus dem Blätterdach des Buchenwalds in den Himmel ragen. Wie ein Wahrzeichen thront das steinerne Quartett auf dem Istenberg, hoch über dem Fachwerkdorf Bruchhausen. Die Bruchhauser Steine können eine 380 Millionen Jahre alte Geschichte erzählen. Aus der Zeit, in der die Vulkanfelsen mit Wällen verbunden waren und der Ort als religiöse Kultstätte genutzt wurde. Oder von dem bleibenden Eindruck, den sie bei Annette von Droste-Hülshoff hinterlassen haben. Die berühmte westfälische Dichterin machte auf einer ihrer Sauerlandreisen auch in Bruchhausen Halt und stattete den Steinen einen Besuch ab.

Einfach nur gucken: Auch die Vorfelsen zwischen Gold- und Feldstein strahlen eine himmlische Ruhe aus.

Nahezu winzig kommt man sich vor, wenn man am Fuße des Istenbergs steht und zu den Kolossen emporblickt. Vielleicht sollte man sich ihnen mit gebührendem Respekt nähern und sie erst einmal umkreisen. Dazu bietet sich eine Wanderung an, die am Gutshof des Bruchhauser Schlosses startet und um den Istenberg herumführt. Der Rothaarsteig bringt einen zur Feuereiche, einem Kunstwerk, das sich kritisch mit der Nutzung von Holz und Feuer durch den Menschen auseinandersetzt. Nach dem Abstecher auf die andere Straßenseite gelangt man ins Schmalahtal. An dem gleichnamigen See spiegeln sich Bäume in der schimmernden Wasseroberfläche. Silbersee wird der naturnahe Stauweiher auch genannt. Der Schmalah folgend, spaziert man durch den Wald die Südflanke des Istenbergs entlang. Beim Abstieg nach Bruchhausen wandern die Augen immer wieder nach oben, um einen vorsichtigen Blick auf die Felsen zu erhaschen.

Hin & weg: Mit Bus R31 von Olsberg nach Bruchhausen, Haltestelle Unter den Steinen.

Beste Zeit: Im Frühling. Auch im Sommer und Herbst schön. Informationen zu Öffnungszeiten Bruchhauser Steine (www.bruchhauser-steine.de).

Dauer & Strecke: 2 Tage. 2,5 Std. Gehzeit für den 9 km langen Schmalahtalrundweg. 3 Std. für die Bruchhauser Steine einplanen.

Ausrüstung: Feste knöchelhohe Schuhe, Fernglas.

Wenn es Nacht wird: In den Zimmern Lady Hamilton, Mozart und Shakespeare in der alten Meierei von Schloss Bruchhausen wird man mit Blick auf den Blütengarten wach (www.rosenbogen-heidrich.de).

Wellige Wald- und Wiesenlandschaften, so weit das Auge reicht – damit wird man nach der kleinen Kraxelpartie auf den Gipfel des Feldsteins belohnt. Im Tal wartet das Wasserschloss Bruchhausen.

Nachdem die Bruchhauser Steine in der Nacht über einen gewacht haben, erkundet man sie am nächsten Morgen näher. Über den steilen Waldpfad und den archäologischen Pfad geht es zum Maluschkeplatz, der Blicke auf den Bornstein und den Goldstein freigibt. Mit 92 Metern ist Ersterer der höchste und massivste Fels. Vielleicht wurde er deshalb von den Wanderfalken als Brutstätte auserkoren? Je nach Perspektive präsentiert er sich als gezackte Felswand, während man im Goldstein Gesichter erkennen kann. Seinen Namen verdankt der 60 Meter hohe Fels dem leicht goldenen Schimmer.

Über einen Trampelfad gelang man zum Feldstein. Mit 45 Metern ist er der kleinste, doch durchaus respekteinflößend, wenn die Felsstufen immer gröber werden und man bei den letzten Metern zum Gipfelkreuz die Hände zur Hilfe nehmen muss. Er ist der einzige, der beklettert werden darf. Windig ist es hier oben, weit der Blick über Bruchhausen und das Olsberger Sauerland, klein sind die eben noch so mächtig wirkenden Nachbarfelsen. Ein Pfad zwischen Feldstein und Ravenstein führt zur Ewigen Quelle. Über den Jägersteig geht es schließlich zurück zum Infocenter.

FAZIT: EINE EINZIGARTIGE NATURERSCHEINUNG, DIE EINEN SOFORT IN DEN BANN ZIEHT UND DIE ES SICH ZU UNTERSCHIEDLICHEN TAGESZEITEN ZU BESUCHEN LOHNT.

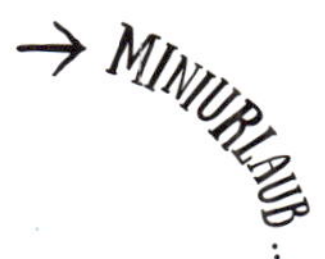

EINE KLEINE LAND-PARTIE

#42

Im Sommer leuchtet das Blau des Sorpesees mit dem des Himmels um die Wette. Schwimmen, Tretbootfahren, Segeln, Tauchen – Wassersportfans kommen an dem in einem Tal zwischen Langscheid und Amecke gelegenen Stausee ebenso auf ihre Kosten wie Genussradfahrer.

#Sorpetalsperre #SauerländerSiebengebirge #GutscafémitGarten

Im Wettbewerb um den schönsten See im Sauerland hat die Sorpetalasperre hervorragende Chancen auf einen Platz auf dem Siegertreppchen.

Spiegelglatt liegt der Sorpesee morgens da, noch keine kraulenden Arme, noch keine rudernden Paddel haben die Wasseroberfläche aufgewühlt. Einladend sieht dieses unberührte Nass aus, das so früh am Tag allerdings ganz schön frisch sein kann. Vielleicht doch erst einmal eine kleine Landpartie? Der Blick auf die bewaldeten Hügel an den Uferseiten lässt erahnen: Hier gibt es noch mehr zu entdecken.

In der Tat – östlich des Sorpesees zwischen Langscheid, Sundern, Stockum und Amecke liegt eine traumhafte Wald- und Wiesenlandschaft. Diese gehört teilweise zum Sauerländer Siebengebirge und lässt sich wunderbar auf dem Fahrrad erkunden. Die sieben Berge um Stockum muss man dabei gar nicht alle erklimmen, der Blick aus der Ferne ist mindestens genauso reizvoll.

Nach dem Start in Langscheid am Nordufer radelt man über einen geschotterten Weg am Waldrand zunächst Richtung Gut Selmke und weiter nach Sundern. Dort lohnt ein

In den gemütlichen Stelzenhäuschen direkt am Wasser fühlt man sich wie in »Ferien auf Saltkrokan«.

Blick auf die St.-Johannes-Kirche. Von Sundern geht es nach Recklinghausen, wo man am Ortsausgang auf einen schönen Radweg nach Endorf einbiegt. In Bönkhausen kann man an der Gedenkkapelle mit dem Zwiebelturm einen Stopp einlegen. Vor der Kapelle zweigt ein Weg ab, der über den Bilsberg zum Stockumer Halt führt. Nach einem Halt am Gedenkstein genießt man den Blick über die weiten Wiesen hinüber zum Winzenberg und zum Gräfenberg, bevor man nach Stockum hinunterrollt. In Coras Café auf Gut Stockum (corascafe.de) wartet ein Kleinod für Schleckermäuler: In dem idyllischen Garten werden hausgemachte Kuchen und Waffeln nach Omas Rezepten serviert.

Der Radweg, der von Seidfeld zur Hauptstraße führt, hat ein paar Höhenmeter im Angebot, dafür verläuft er durch scheinbar endlose Felder und Wiesen. In Amecke nimmt man den Sorpe-Randweg am Ostufer des Sees zurück nach Langscheid.

Hin & weg: Für den Einstieg zur Radtour Parkplatz Sorpesee oder Parkplatz Osterfeuerplatz in Langscheid.

Beste Zeit: In den Sommermonaten, wenn sich das wellige Hügelland in sattem Grün zeigt und der Sorpesee nach dem Radfahren zum Baden einlädt.

Dauer & Strecke: Mindestens 2 Tage. Mit gemütlichen Pausen und Einkehr etwa 4-5 Std. für die 32 km lange Radpartie einplanen.

Ausrüstung: Fahrradhelm, Flickzeug, etwas zu trinken.

Wenn es Nacht wird: In einem kleinen Waldstück direkt am Sorpesee stehen Clara, Nils und Michel, drei entzückende Baumhäuschen im Skandi-Look des Nordic Familienparks Sorpesee (www.sorpesee.de/nordic-familienpark-sorpesee.html).

Zum Glück ist die Tour nicht gar so anstrengend, sodass man abends mühelos die Holztreppe zu seinem Baumhaus hochklettern kann. Vom Vogelzwitschern geweckt, möchte man vielleicht als Erstes eine Runde schwimmen gehen. Das anschließende Frühstück gibt es auf der Sonnenterrasse des Restaurants Meilenweit (www.meilenweit-sorpesee.de). Der Rest des Tages lässt sich entspannt oder sportlich im, am oder auf dem Wasser verbringen.

FAZIT: EINE PERFEKTE KOMBINATION AUS SPORTLICHEM VERGNÜGEN ZU WASSER UND ZU LAND MIT HOHEM ERHOLUNGSFAKTOR.

AUF DER ALM AM ENDE DER WELT

… rund um Schanze und Latrop

#43

Wo die Straße endet und die Wälder des Rothaargebirges beginnen, da liegt Schanze. Traumhafte Aussichten, Wanderwege in alle Himmelsrichtungen, eine urige Almhütte und der höchstgelegene Strand des Sauerlands machen aus dem Höhendorf ein Paradies zum Abschalten.

#Altarsteine #DickeEiche #Kyrillpfad #Krummstab #ChillenamStrand

Schon bei der Fahrt nach Schanze hat man das Gefühl, der Abstand vom Alltag wird mit jeder Kurve größer. Auf dem Holzschild ist in goldenen Lettern zu lesen, dass sich der Ferienort auf 720 Metern befindet. Ferien, das bedeutet für die einen, den Tag nichtstuend im Liegestuhl am Strand zu verbringen. Die anderen lechzen nach Bewegung in der Natur. In und um Schanze geht beides. Am besten erst die Wanderschuhe schnappen, dann die Badelatschen.

Schanze liegt inmitten eines Waldreservats mit dichten Laubwäldern und von kristallklaren Bächen durchzogenen Talhängen. Dieses Naturparadies lässt sich bei einer Rundwanderung von Schanze nach Latrop erkunden. Über die Talvariante des Rothaarsteigs geht es durch das Grubental zunächst zu den Altarsteinen. Die an eine heidnische Opferstätte erinnernden Steine sind nicht mehr erhalten. Da, wo sich der Grubensiepen zu einem kleinen Teich aufstaut, entdeckt man stattdessen eine steinerne Gedenksäule.

Am Naturdenkmal Dicke Eiche heißt es, den Kopf in den Nacken zu legen. Die Eiche ist nicht nur dick, sondern auch unglaublich hoch. Hier verlässt man vorübergehend den Rothaarsteig und folgt dem Waldpfad links-

seitig des Grubensiepen. Kurz vor Latrop treffen die beiden Wege wieder aufeinander. Latrop liege am Ende der Welt, am Rande der Wildnis, sagen die Bewohner des ehemaligen Waldarbeiter- und Köhlerdorfs. Dieses Ende der Welt punktet mit einem adretten Dorfgarten, pittoresken Fachwerkhäusern und mehreren Caféterrassen, auf denen man sich

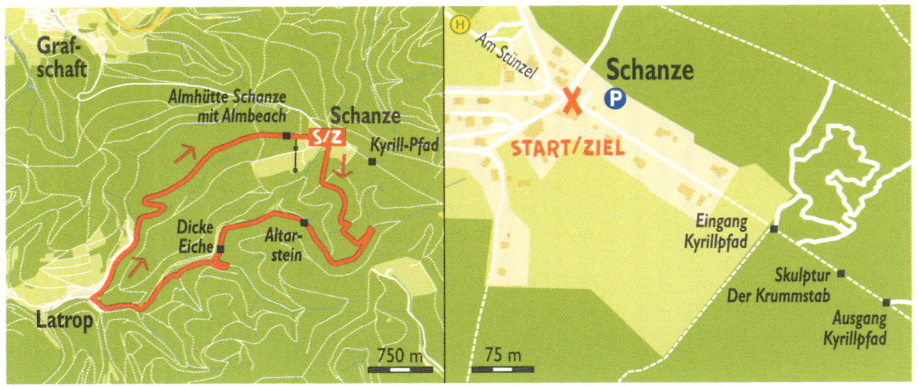

2613 Kilogramm Aluminium wurden in der Skulptur verarbeitet, die an einen bischöflichen Krummstab erinnert.

für den Rückweg stärken kann. Zurück nach Schanze sind einige Höhenmeter zu bewältigen; dazu folgt man erst dem Weg L1, dann dem SZ1 zur Skihütte.

Im Sommer verwandelt sich die Wiese oberhalb des Skihangs in den höchsten Strand des Sauerlands. Am Almbeach kann man sich entspannt im Liegestuhl zurücklehnen, die Füße im Sand oder Gras vergraben, einfach mal nichts tun und sich wie im Urlaub fühlen. Meldet sich der Hunger, holt man sich eine »SchaCuWu« – eine Schanzer-Curry-Wildschweinwurst – in der Almhütte (almhütte-schanze.de). Später wechselt man in den weitläufigen Panoramagarten des Landschaftsgasthauses Schanze 1 (schanze1.de), wo man den Tag bei einem Gläschen Wein vom Waldkiosk ausklingen lassen kann.

Frisch erholt von so viel Höhenluft, begibt man sich am nächsten Morgen auf die Spuren des Sturms Kyrill, der Anfang 2007 eine Schneise der Verwüstung in den Wäldern des Sauerlands und des Rothaargebirges hinterlassen hat. Auf dem einen Kilometer langen Kyrillpfad spaziert man auf Holzstegen über eine Fläche, die man sich selbst überlassen hat und auf der inmitten des Totholzes eine komplett neue Vegetation entstanden ist. Ein eindrucksvolles Zeugnis davon, wie wild die Natur aussehen kann, wenn man sie nur lässt. Sehenswert ist neben dem Kyrillpfad auch der Krummstab, der zum Waldskulpturenweg gehört.

Hin & weg: Mit dem Auto zum Wanderparkplatz am Ortseingang von Schanze. Alternativ ab Schmallenberg mit dem Wander- und Sightseeing-Bus, der zweimal am Vormittag fährt.

Beste Zeit: Im Sommer, auch im Frühling und Herbst schön.

Dauer & Strecke: 2 Tage. Für die 12 km von Schanze nach Latrop und zurück braucht man ca. 3,5 Std., für den 1 km langen Kyrill-Pfad ca. 45 Min.

Ausrüstung: Schuhe mit Profilsohle, Sonnenbrille und Sonnenmilch für die Auszeit im Liegestuhl.

Wenn es Nacht wird: Der Name des Landhauses zum Rothaarkamm (www.landhaus-zum-rothaarkamm.de) ist Programm, hier nächtigt es sich mit Ausblick. Rustikal und ruhig.

FAZIT: MINIFERIEN AUF EINER ALM MIT STRANDFEELING. DIE LAUSCHIGEN WÄLDER LADEN ZUM ENTSPANNTEN WANDERN EIN.

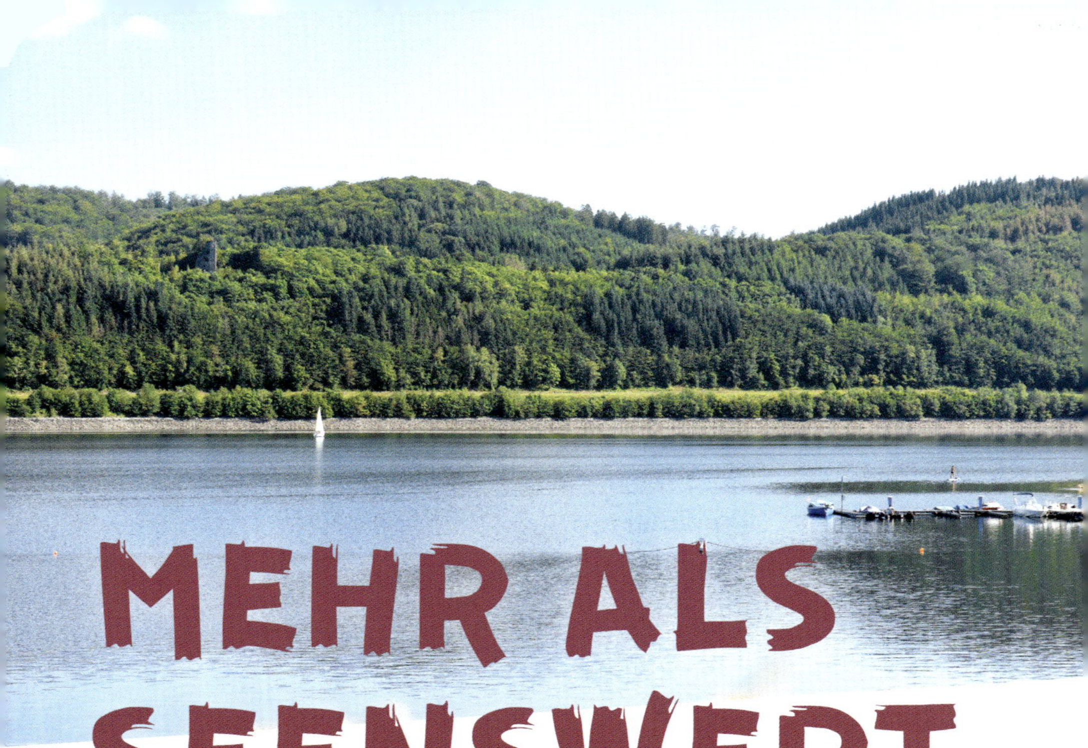

MEHR ALS SEENSWERT

… von Eichhagen nach Kraghammer

#44

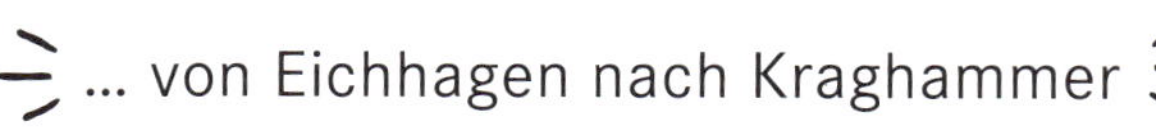

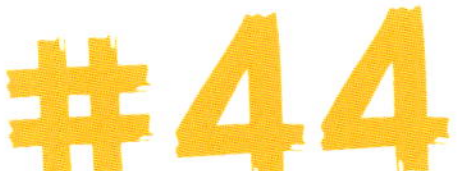

Ebbe und Flut kennt das Ebbegebirge nicht. Gleichwohl schwingt sich die grüne Landschaft wie ein Meer aus Wellen auf. Und mittendrin versteckt sich ein blau glitzerndes Juwel, dessen Wasserarme sich fest an die Füße der Hügel schmiegen. Die Bigge ist Bade- und Wanderparadies in einem.

#BiggeListerWeg #WaldenburgerBucht #BadespaßamStrand #SkywalkBiggeblick

»Wenn ich den See seh', brauch' ich kein Meer mehr.« Das Lied, aus dem diese Zeile stammt, besingt zwar den Bodensee. Doch wer einmal Zeuge war, wie die Sonne hinter der Gilberginsel untergeht und die Höhen des Ebbegebirges rot-orange verfärbt, wird zustimmen: Damit könnte genauso gut der Biggesee gemeint sein. Über eine Länge von 20 Kilometern zieht sich die Biggetalsperre von Attendorn bis Olpe durch das Ebbegebirge. Ihre Hauptaufgabe ist es, das Ruhrgebiet mit Wasser zu versorgen, im Nebenjob macht sie Liebhaber von Outdoor-Aktivitäten glücklich.

Wer die Bigge umwandern möchte, kann dies auf dem 46 Kilometer langen Bigge-Lister-Weg (www.sauerland.com > im Suchfeld »Bigge-Lister-Wanderweg« eingeben)

Einige Meter abseits des Hauptweges wird man an den alten Gemäuern der Waldenburg ins Mittelalter zurückversetzt. Am feinsandigen Strand in der Waldenburger Bucht stehen die Zeichen dann auf Entspannung pur!

tun. Ein Teilstück führt von Eichhagen über die Waldenburger Bucht nach Kraghammer. Vom Bahnhof Eichhagen folgt man dem mit einem weißen BL auf schwarzem Grund markierten Zubringerweg bis Stade, danach dem weiß-blauen Zeichen. Der Bigge-Lister-Weg verläuft über die Höhen und Tiefen des Ebbegebirges. Immer wieder präsentieren sich dabei die tollsten Aussichten, etwa bei Howald mit Blick auf Sondern und den Sonderner Kopf. Auch die Tiefen ziehen einen in den Bann, denn da ist man dem blau schimmernden See ganz nah. Beispielsweise, wenn man einen der Seitenarme überquert oder in einer der Buchten pausiert.

Abwechslungsreich sind die Panoramen und die Wege. Mal schlängeln sich die Pfade durch den Wald, mal passiert man bunte Blumenwiesen wie in Bürberg. Über den Buchhagen geht es hoch zu einem steil abfallenden Bergsporn, auf dem die Ruine der Waldenburg thront. In der Waldenburger Bucht schlüpft man aus den

---

Hin & weg: Von Finnentrop oder Olpe mit dem Zug RB92 bis Bahnhof Eichhagen. Zurück mit dem Zug vom Bahnhof Kraghammer bis Eichhagen.

Beste Zeit: Im Sommer bei warmem, sonnigem Wetter.

Dauer & Strecke: 2 Tage. Gut 5 Std. reine Gehzeit für 18,5 km. Das Gros der Strecke fällt am ersten Tag an. Ab der Waldenburger Bucht bis zum Bahnhaltepunkt Kraghammer ca. 1 Std.

Ausrüstung: Größerer Wanderrucksack mit Platz für Übernachtungs-, Picknick- und Badeutensilien.

Wenn es Nacht wird: Im gemütlichen hölzernen Schlaffass in der Campinganlage Biggesee-Waldenburg (biggesee-camping.de).

Bei einer Nacht im Schlaffass heißt es ein bisschen zusammenrollen. Gemütlich ist es trotzdem.

Wanderschuhen und in die Badesachen – das Wasser ist einfach zu einladend. Wer einmal die Decke im weichen Sand ausgebreitet hat und bei einem Picknick den vorbeiziehenden Segelbooten nachblickt, mag so schnell nicht mehr aufstehen. Das tut auch erst am frühen Abend Not.

Der steile Anstieg auf den Dünnekenberg wird mit einem Sonnenuntergang in luftiger Höhe belohnt. 90 Meter hoch schwebt ein Steg mit Gitterboden und Plattform in der Luft. Der Biggeblick offenbart die wohl fantastischste Aussicht über die Bigge und das Ebbegebirge. Wenn es ganz dunkel ist, gehen die Lichter an und der Außenring der Plattform erstrahlt in Blau, die Nadel in der Mitte in Weiß.

Packt man nach einer Nacht auf dem Campingplatz und ein paar genüsslichen Badestunden seine Sachen, führt der Bigge-Lister-Weg erneut zum Biggeblick, von wo man nochmal die Waldenburger Bucht, die Gilberginsel und die Ruine Waldenburg bewundert. Ein steiler Pfad bringt einen zum Biggedamm, dem man bis zum Ende folgt. Hier taucht man in den Wald ein, bevor man mit dem Biggesee-Express zurück an den Ausgangspunk fährt.

FAZIT: WANDERN, BADEN UND SONNENBADEN MITTEN IM EBBEGEBIRGE. DEN UNVERGESSLICHEN SONNENUNTERGANG AUF DEM SKYWALK GIBT ES GRATIS DAZU.

ACHTUNG, FLAUSCH-FAKTOR HOCH!

... auf der Alpaka Farm Inti in Kierspe

Wer einem Alpaka zu lange in die Augen guckt, ist für immer von ihm gefesselt, lautet ein peruanisches Sprichwort. Und das stimmt wahrhaftig: Mit den treuherzigen Kulleraugen erobern die süßen Südamerikaner jedes Herz im Sturm. Geht man mit ihnen wandern, ist ein Dauergrinsen vorprogrammiert.

#Flauschalarm #Alpakawandern #Andenfeeling #schlafenimSchäferwagen

Bad Hair Day? Kennen Alpakas nicht. Obendrein haben sie den treuherzigsten Blick, den man sich vorstellen kann.

Der Tag startet gemütlich auf der Alpaka Farm Inti. Erst einmal frühstücken, das Gras mit den vier langen Schneidezähnen ausrupfen und die Extra-Leckerlis aus der Schüssel mit der Kauplatte genüsslich zermalmen. Von den neugierigen Blicken der menschlichen Besucher lassen sich die tierischen Bewohner nicht irritieren. Dass die Löckchen noch zerzaust sind, der Pony über den Augen hängt, der Bob verrutscht ist und der Scheitel schief hängt, stört sie ebenso wenig. Auch wenn Alpakas nichts gegen Paparazzi-Fotos einzuwenden haben und mit ihren nach oben gezogenen Mundwinkeln sowieso immer zu lachen scheinen – eitel sind sie nicht. Für die putzigen Andentiere mit dem dicken Wollmantel, den

Immer am Futtern und trotzdem so schlank, wie machen das die wuscheligen Andentiere bloß?

die Inkas Vlies der Götter nannten, heißt es nur einmal im Jahr »Schneiden und Legen, bitte«. Dabei kommen die ulkigsten Frisuren zustande. Zuständig dafür sind die Besitzerinnen Christiane und Nina höchstpersönlich, ebenso wie für die Nagelpflege der Schwielensohler.

Wie majestätisch-elegant man auf den weich gepolsterten Schwielen durch Wald und Flur schreiten kann, demonstrieren Anni, Milou und Maya eindrücklich beim gemeinsamen Wandern, kesses Powackeln inklusive. Als heimliche Königin der Inti-Herde zeigt Maya, wo es langgeht. Auch Milou weiß, was sie will. Das bedeutet, auf dem Weg durch den Wald immer wieder stehen zu bleiben und an den Blättern zu knabbern. Und dann erst die Delikatessen oben auf dem Maisfeld, himmlisch! Weil genug davon da ist, teilt man diese gerne und ohne die anderen anzuspucken. Das machen Alpakas nur, wenn man ihnen etwas wegessen möchte. Oder wenn ein Weibchen ihren Verehrer nicht mag.

Wer der Versuchung nicht widerstehen kann, einmal über Milous karamellfarbenes oder Mayas dunkelbraunes Fell zu streicheln, darf das vorsichtig am Hals probieren. Von Annis weißer Lockenpracht sollte man allerdings die Finger lassen, am Kopf berührt zu werden mögen Alpakas gar nicht. So knuddelig die Flauschwesen auch aussehen – sie sind keine Kuschel-, sondern Fluchttiere und von Natur aus erst einmal etwas distanziert. Was hilft, das Vertrauen zu gewinnen, wenn man nicht zur Herde gehört: Einfach mal am Handrücken schnuppern lassen. Kann man sich gut riechen, ist die Freundschaft sodann besiegelt.

Zurück auf dem Hof, wartet schon der Rest der Rasselbande aufs Kennenlernen und mög-

---

Hin & weg: Mit dem Zug RB25 von Köln oder Lüdenscheid nach Kierspe, mit dem Bus 283 weiter bis Haltestelle Kierspe-Vornholt. Von dort 5 Min. zu Fuß den Hügel hoch zur Alpaka Farm Inti (Vornholt 1).

Beste Zeit: Alpakawanderung ganzjährig möglich, mit Übernachtung von April–Oktober.

Dauer & Strecke: 1–2 Tage. Die geführte Wanderung ist ca. 3–4 km lang und dauert inkl. Kennenlernen der Alpakas gut 2 Std.

Ausrüstung: Bequeme Kleidung. Unbedingt Kamera oder Smartphone mitnehmen, um die flauschige Bande abzulichten.

Wenn es Nacht wird: Wer sich nicht von den süßen Vierbeinern trennen kann, bucht das Paket »Träumen mit Alpakas« und nächtigt in einem Schäferwagen auf der Weide (www.alpaka-farm-inti.de).

Bei einer Alpakawanderung spaziert man entspannt über die Wiesen auf den Hügeln oberhalb der Farm. Amigo gilt als Herzenbsbrecher der Inti-Herde. wer kann ihm widerstehen?

licherweise auch Freundschaft schließen. Ein »Hey Jungs, kommt doch mal her!« reicht und schon sausen Amigo, Jason, Pablo, Pedro, Calypso und die anderen männlichen Alpakas die Weide hinunter. Von Scheuheit keine Spur, die Neugier überwiegt eindeutig. Vielleicht haben die Besucher ja etwas Schönes mitgebracht? Dann dürfen sie auch über Nacht mit auf der Weide bleiben. Und Alpakas zählen, sollte es vor lauter Flauschalarm nicht sofort mit dem Einschlafen klappen.

FAZIT: BEI EINER ALPAKAWANDERUNG TRAINIERT MAN MEHR ALS 100 MUSKELN, DENN MAN KOMMT AUS DEM LACHEN NICHT MEHR HERAUS. EIN GROßER GUTE-LAUNEMACHER!

EIN TRAUM IN LILA

... von Niedersfeld zur Hochheide

Wenn sich hoch über Niedersfeld alles rosa und violett färbt, kann das nur eines heißen: Die Heide blüht! Dann freuen sich nicht nur Heidschnucken und Schafe. Auf einer Wanderung zur Hochheide nimmt man gleich noch den höchsten Berg Nordrhein-Westfalens mit. Am Ende lockt eine rasante Abkühlung.

#Langenberg #Heideblütenrausch #Achtsamkeitswandern #Wakeboarden

Bergheiden sind schön, aber selten; eine der größten in Nordwestdeutschland liegt bei Niedersfeld im östlichen Hochsauerland. Zwar kann man nicht exakt die Uhr danach stellen, aber eine Faustregel besagt, dass die Heide Pi mal Daumen zwischen dem achten August und dem neunten September blüht. Wann die ersten Blüten ausschlagen, hängt davon ab, wieviel Regen und Sonne sie wann abbekommen. Macht man sich im Spätsommer in Niedersfeld auf den Weg zum Neuen Hagen, darf man also gespannt sein, ob sich die Heide schon in ein violettes Blütenmeer verwandelt hat.

Am Ortsrand folgt man der Markierung X16 durch das Burbecketal, dann den Hinweisen N1 und N2. Der Weg kennt zugegebenermaßen nur eine Richtung: steil nach oben. Vor allem der Anstieg zum Unteren Burbeckerplatz

hat es in sich. Am Langenberg ist mit 843 Metern der höchste Punkt erreicht. Höher hinaus schafft man es in Nordrhein-Westfalen nicht. Weiter geht es auf dem W5 zur Landesgrenze nach Hessen und auf einem steilen Waldpfad hinunter zum Kellerbach. Auf dem W4 gibt es die eine oder andere Kurve. Tritt man dann aus dem Wald heraus, steht man schon am Fuß des Neuen Hagen.

Vor einem erstreckt sich ein Flickenteppich aus üppigen lilafarbenen Besenheidebüschen, die sich den Platz mit Beerensträuchern teilen. Beim Naschen sollte man aufpassen – neben Blau- und Preiselbeeren wächst hier auch die gifte Rauschbeere. Das Blütenwunder immer im Blick, spaziert man in einem großen Bogen um die Heide, macht einen Abstecher auf den Clemensberg und die Terrasse der Hochheidehütte (www.hochheidehuette-niedersfeld.de). Von dort geht es dann steil und zügig hinunter zum Hillebachsee. Wer noch Energie und Lust auf einen Adrenalinkick hat, stellt sich auf ein Wakeboard (highfive-winterberg.de). Allein schon das Zuschauen bei diesem

Wer den Zauber der Natur erspüren möchte, ist auf dem Goldenen Pfad im wahrsten Sinne goldrichtig. Der Hillebachsee ist der Ort für Abkühlung und Action auf dem Wasser.

spritzig-rasanten Wassersport ist wirklich ein Riesenspaß.

Möchte man das lila Farbspektakel nochmal genießen, schnappt man sich am nächsten Morgen ein Mountainbike und radelt über die Fahrstraße zur Hochheide. Mit etwas Glück ist man ganz alleine unterwegs, wenn die Morgensonne die Blüten anleuchtet und alles in ein goldenes Licht taucht. Apropos Gold: Jetzt herrscht auch die richtige Stimmung, um den zehn Stationen auf dem Goldenen Pfad zu folgen. Der Rundweg um die Heide ist gleichzeitig ein Achtsamkeitspfad.

Entspannt und erfüllt mit den Schönheiten dieses einzigartigen Fleckchens Natur geht es auf dem Fahrradsattel zurück nach Niedersfeld, wo man den Tag badend, sonnend oder Volleyball spielend am Hillebachsee verbringen kann.

FAZIT: WENN DIE HEIDE BLÜHT, GIBT ES KEIN HALTEN MEHR. DIE WANDERUNG IST KNACKIG, DIE ABKÜHLUNG IM SEE VERDIENT.

Hin & weg: Von Schmallenberg oder Winterberg mit dem Bus S40 nach Niedersfeld. Start am Parkplatz Dorfhalle.

Beste Zeit: Anfang August–Mitte September. Die Hochheide ist aber auch abseits der Blütezeit ein besonderer Ort.

Dauer & Strecke: 2 Tage. Knapp 4 Std. reine Gehzeit für die 14 km lange Wanderung. Für Goldenen Pfad und Hillebachsee einen extra Tag reservieren.

Ausrüstung: Wanderschuhe, Badesachen.

Wenn es Nacht wird: Egal, ob in der von Steve Jobs inspirierten Apple-Suite oder im Doppelzimmer im Landhausstil – in der Pension Voß (www.pension-voss.de) schlummert es sich ruhig und familiär.

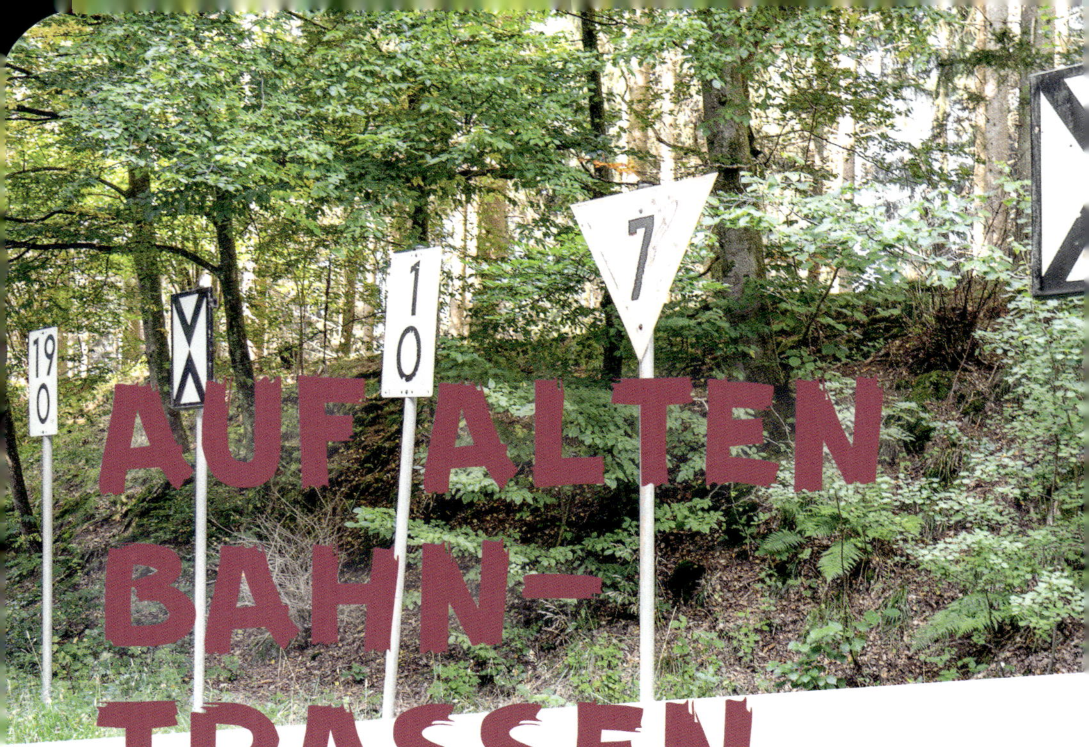

AUF ALTEN BAHN-TRASSEN

… um Eslohe und Schmallenberg

#47

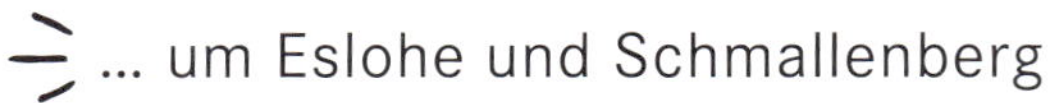

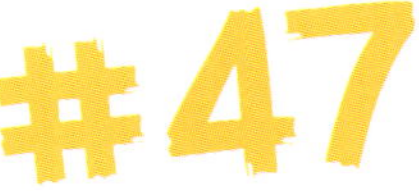

Eine Fahrradtour durch das Land der tausend Berge kann einen ganz schön ins Schnaufen bringen. Nicht so, wenn man sich auf stillgelegten Eisenbahnstrecken bewegt. Auf ihnen radelt man genüsslich abseits der Straße ohne große Steigungen durch die Natur.

#Sauerlandradring #Knochenmühle #Fledermaustunnel #Fachwerkdörfer

Früher Bahntrasse für [illegible] motiven, heute Genuss[illegible] der Sauerlandradring.

Wer vor 100 Jahren in die Sommerfrische nach Schmallenberg oder Bad Fredeburg wollte, ratterte von Altenhundem mit der Dampflok durch das obere Lennetal und ließ dabei die waldreiche Landschaft an sich vorbeiziehen. Von Finnentrop fuhr man auf der Schiene durch das Fretter- und Wennetal Richtung Eslohe. Mitte der 1960er-Jahre wurde die letzte Weiche für den Personenverkehr gestellt, später ging auch der Güterverkehr. Geblieben sind flache Trassen, die zu Radwegen umgebaut wurden. Sie gehören zum Sauerlandradring (www.sauerlandradring.de), der von Finnentrop über Eslohe, Schmallenberg und Lennestadt führt. Gut die Hälfte der Strecke durch das Herz des Sauerlands verläuft auf alten Bahndämmen, ansonsten ist man größtenteils auf naturnahen Radwegen unterwegs.

Aufgesattelt wird am Lennepark in Finnentrop. Entlang der ehemaligen Bahnstrecke nach Wennemen radelt man nach Lenhausen, wirft einen Blick auf das Wasserschloss und fährt ins Frettertal. Der Apfelbaum an der

Definitiv einer der Höhepunkte bei einer Tour über den Sauerlandradring: durch den Kückelheimer Tunnel fahren. Trotzdem schön, wenn man wieder im Hellen und Trockenen ist.

Frettermühle ist der perfekte Ort für eine Trinkpause, an der alten Knochenmühle hinter Fretter lohnt es ebenfalls abzusteigen.

Bahnhistorische Überbleibsel säumen den Weg nach Fehrenbracht – ein Andreaskreuz, eine Signalanlage, Streckenkilometerschilder, ein Stücke Schiene. Dann wird es schummrig, feucht und kalt. Bei zehn Grad und Wassertropfen, die von der Decke zielgenau den Nacken treffen, tritt man im 689 Meter langen Kückelheimer Tunnel automatisch schneller in die Pedalen. Im Winter beziehen hier Fledermäuse Quartier.

Zurück im Tageslicht führt die Trasse weiter Richtung Eslohe. Wer in Sachen Bahnhistorie auf den Geschmack gekommen ist, stattet dem DampfLandLeute Museum (www.museum-eslohe.de) einen Besuch ab. Dort sind verschiedene Dampflokomotiven ausgestellt. Eslohe umfährt man in einem großen Bogen, bei Bremke gelangt man wieder auf einen Bahndamm.

In Bad Fredeburg – der Kurort liegt ziemlich genau auf der Hälfte der Strecke – parkt man das Fahrrad für die Nacht. Nach einem Bummel entlang der Fachwerkhäuser und einem Spaghettieis im Campino am Marktplatz (eiscafe-campino.business.site) klingt der Abend mit einer knusprigen Pizza aus der Tenne (www.pizza-tenne.de) aus.

Kurz hinter Bad Fredeburg erreicht man auf 460 Metern den höchsten Punkt des Sauerlandradrings. Jetzt rollt es sich entspannt nach Schmallenberg mit seinen verschiefer-

---

Hin & weg: Mit dem RE16 oder der RB91 von Richtung Essen bzw. Hagen oder Siegen bis Finnentrop.

Beste Zeit: Von April–Oktober, wenn der Fledermaustunnel geöffnet ist. Am schönsten im Spätsommer.

Dauer & Strecke: 2 Tage. Für die steigungsarmen 84 km sitzt man ca. 7 Std. im Sattel. Das Gesäß dankt es einem, wenn eine Übernachtung eingebaut wird.

Ausrüstung: Radhelm, Radhandschuhe, Rucksack oder Satteltaschen für Übernachtungsutensilien.

Wenn es Nacht wird: Mitten im historischen Zentrum von Bad Fredeburg, aber dennoch ruhig liegt das Parkhotel Schmallenberg (parkhotel-sauerland.com/de/parkhotel-schmallenberg). Modern eingerichtet mit bequemen Boxspringbetten.

Panoramen werden im Naturpark Sauerland Rothaargebirge gerne mit Landschaftsrahmen in Szene gesetzt.

ten Fachwerkhäusern und klassizistischen Bauten. Am Ortsende fährt man hoch zum Waldrand und genießt den Blick auf die ehemalige Hansestadt und das grüne Lennetal. Vorbei an einer alten Besteckfabrik geht es hinunter nach Fleckenberg. In Saalhausen warten nochmals ein paar adrette Fachwerkhäuser, bevor man über Langenei, Kickenbach, Altenhundem, Meggen und Grevenbrück nach Finnentrop radelt.

FAZIT: EIN STÜCK BAHNGESCHICHTE IN DER NATUR. AUF DEN ASPHALTIERTEN WEGEN SCHNURRT DAS RAD WIE EIN KÄTZCHEN, DIE FACHWERKDÖRFER SIND EIN AUGENSCHMAUS.

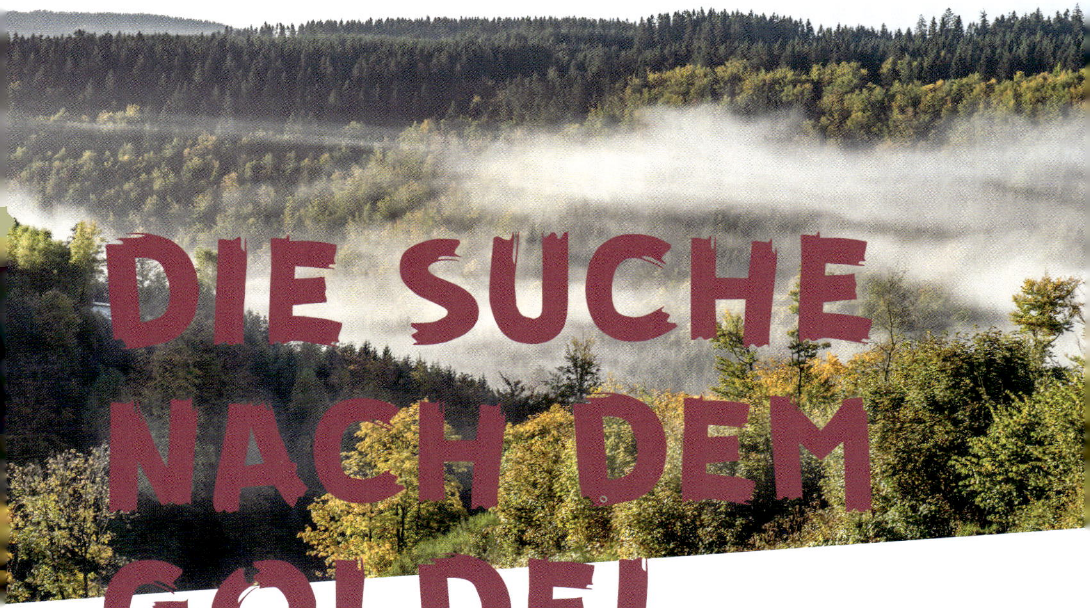

DIE SUCHE NACH DEM GOLDEI

… von Hoheleye nach Bad Berleburg

#48

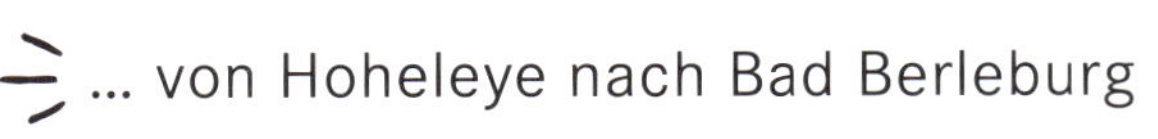

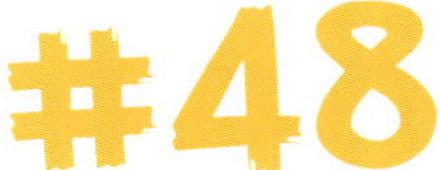

Goldene Zeiten für das herbstliche Wandervergnügen brechen an, wenn die Sonne strahlt, den Talnebel in Nullkommanichts auflöst und die Wälder ihr goldenes Laubkleid aus dem Schrank holen. Die Krönung des Ganzen ist, auf einen Schatz in Form eines goldenen Eis zu stoßen.

 #Waldskulpturenweg #Goldrausch #HängebrückewieimDschungel #Barockschloss

Kunst zum Anfassen: Die Skulptur »Kein leichtes Spiel« darf man gerne durchschreiten.

Um spektakuläre Aussichten ist das Rothaargebirge nicht verlegen. Am liebsten möchte man sich ein Plätzchen auf der Terrasse der Hoheleyer Hütte (www.hoheleyer-huette.de) suchen, obwohl man gerade erst losgelaufen ist, und einfach nur auf die Berge starren, die sich wie eine weiche Silhouette im Dunst abzeichnen. Doch auf der Wanderung von Hoheleye nach Bad Berleburg warten so einige Goldschätzchen, die gehoben werden wollen.

Das Panorama begleitet einen ein gutes Stück, während man auf dem Rothaarsteig zum Albrechtsplatz wandert. Über den Albrechtsberg geht es durch goldenen Herbstwald zu Klobmanns Rücken und dem Waldskulpturenweg (www.waldskulpturenweg.de). Der insgesamt mit elf Installationen gesäumte Kunstwanderweg führt von Schmallenberg nach Bad Berleburg; in den Genuss von fünf Skulpturen kommt man auf diesem Teilstück. Den Weg weist ein schwarzes Tor auf weißem Grund.

Auch die Skulptur »Stein-Zeit-Mensch« lässt sich am besten von innen erleben.

Auf einer Lichtung wurde eine Stahlwand in ein großes Tor, zwei kleine Tore und zwei Blöcke aufgeteilt. Nahe dem alten Grenzweg erinnert »Kein leichtes Spiel« an die wechselvolle Beziehung zwischen Sauerland und Wittgenstein. So wie diese Grenzen längst überwunden sind, lassen sich die Tore durchschreiten. Und alle Teile passen ineinander.

Wie ein frühzeitlicher Tempel mutet die Skulptur »Stein-Zeit-Mensch« südlich von Kühhude an. Klein kommt man sich vor, wenn man an dem kolossalen Felsmonolithen emporschaut, der für die Ewigkeit gemacht zu sein scheint. Genau das ist die Intention: dem Wanderer seine Verletzlichkeit und Zeitlichkeit bewusst zu machen. Wie leicht es sich im Gegensatz dazu anfühlt, über die nahegelegene Hängebrücke zu spazieren, die Dschungel-Vibes mitten im Sauerland aufkommen lässt. Wenn man jetzt fliegen könnte ... Die Installation »Das Monument des verlorenen Falken« erkennt man nämlich nur aus der Vogelperspektive. Eine

---

Hin & weg: Mit der Rothaar-Bahn RB93 von Richtung Siegen nach Bad Berleburg. Weiter mit dem Bus R28 nach Hoheleye, Haltestelle Girkhäuser Straße.

Beste Zeit: Im Herbst, aber das ganze Jahr über reizvoll.

Dauer & Strecke: 2 Tage. 4,5 Std. reine Gehzeit für 17 km. Mit Stopps an Skulpturen und Hängebrücke einen ganzen Tag einplanen.

Ausrüstung: Wanderschuhe, Proviant.

Wenn es Nacht wird: Drei in einem: Das Hotel Alte Schule (www.hotel-alteschule.de) in Bad Berleburg mit den Gästehäusern Altes Museum und Fliegendes Klassenzimmer. Von romantisch-nostalgisch bis zu Schulfach-Zimmern – lieber Chemie oder Sport?

Kurz vor Bad Berleburg passiert man einen mit Kastanien gesäumten Waldweg, aus denen man seine eigenen Skulpturen basteln kann.

Fotografie zeigt die Erdwälle, mit denen die Umrisse eines schwebenden Falken modelliert wurden. Sie wurden dann mit Baumarten bepflanzt, die früher im Wittgensteiner Forst zu Hause waren.

Über das Bärenköpfchen erreicht man den Lauberg mit der Grünstation, die das Verhältnis von Mensch und Natur zum Thema macht. Mit dem knalligen Grün fügt sich das offene Haus nahezu perfekt in die Natur ein, mit der geradlinigen Architektur wirkt es gleichzeitig wie ein Fremdkörper. Und dann der goldene Schatz, »Das goldene Ei«. Eine Skulptur aus Kunstharz, mit leuchtendem Blattgold überzogen, die sich einer der vielen offenen Fragen im Leben widmet: Was war zuerst?

In Bad Berleburg wartet der krönende Abschluss für diese goldene Herbstwanderung. Im historischen Zentrum der alten Residenzstadt kann man in fürstlicher Nachbarschaft nächtigen. Ausgeschlafen lustwandelt man dann auf den Spuren der Fürstenfamilie zu Sayn-Wittgenstein-Berleburg durch den Park des prachtvollen Barockschlosses (wittgenstein-berleburg.net).

FAZIT: ÜBER WUNDERVOLLE WALDWEGE WANDERN, SICH AUF EINER HÄNGEBRÜCKE WIE IM DSCHUNGEL FÜHLEN UND EINE GELUNGENE SYMBIOSE AUS NATUR UND KUNST ERLEBEN.

DER SONNE ENTGEGEN

… ab Einsiedelei durch das Veischedetal

Strahlende Sonne am knallblauen Himmel, leuchtende Herbstfarben von Maisgelb über Kupfergold bis Kürbisorange – auch das Sauerland kann Indian Summer. Dieser lässt sich auf einer ausgedehnten Wanderung über die Bergzüge zwischen Olpe und Lennestadt genießen.

#VeischederSonnenpfad #Herbstlaubrascheln #BurgBilstein #HoheBracht

Der Blick von der Hohen Bracht verzaubert zu jeder Jahreszeit, vor allem aber im Herbst.

Bevor die kalte, graue Jahreszeit an die Tür klopft, will der Licht- und Farbspeicher nochmal bis obenhin vollgepackt werden. In weichen Herbstsonnenstrahlen und den warmen Tönen des Herbstlaubs zu baden, ist dafür das beste Rezept. Und der beste Ort? Wo sich mit Buchen- und Eichenwäldern überzogene Berge aneinanderreihen und weite Wiesen weite Aussichten eröffnen. All dies hält der Veischeder Sonnenpfad (www.veischedetal.de/Veischeder-Sonnenpfad) parat, gepaart mit einer abwechslungsreichen Wegführung und einigen Auf- und Abstiegen.

Das Sonnengesicht auf dem Baumstamm am Parkplatz Einsiedelei lächelt einladend und motivierend zugleich, schließlich sind einige Kilometer und Höhenmeter zu bewältigen. Das Gute: Diese muss man nicht an einem Tag zurücklegen. Neben holzgeschnitzten Sonnenkonterfeis weist ein weißes V auf schwarzem Grund den Weg. Durch gelb-oranges Blätter-

Oberhalb von Bonzel kann man den Blick nochmal über das waldreiche Veischedetal schweifen lassen.

werk wandert man zum Skihang am Fahlenscheid (www.fahlenscheid.de/skihuette). Im Weiler Neuenwald nimmt man die freundliche

Einladung »Ohne Eile hier verweile« an dem Tisch unter den Bäumen gerne an.

Nachdem man die junge Veischede überquert hat – der Bach entspringt in Olpe und mündet bei Grevenbrück in die Lenne – geht es über den Twilkenberg nach Tecklinghausen. Auf der Höhe eröffnen sich schier endlose Blicke auf die herbstlich gefärbten Erhebungen des Bilsteiner Berglands. Durch hohe Fichtenwälder geht es hinab, durch bunte Laubwälder hinauf, wieder hinab, wieder hinauf. Willkommen im Mittelgebirge!

Am Jäckelchen sagt man den grasenden Pferden Hallo und nähert sich durch wunderschöne Waldpassagen im großen Bogen Kirchveischede, das man jedoch rechts liegen lässt. Das Ziel heißt Burg Bilstein. Wer hier schläft, sollte sich nicht von Johann II. heimsuchen lassen. Angeblich irrt der Geist des letzten Hausherrn noch heute rastlos durch die Burg aus dem 13. Jahrhundert und die Wälder am Rosenberg.

Letzterer beschert am nächsten Morgen einen knackigen Anstieg. Oberhalb des Weilers Kracht öffnet der bunte Buchenwald seinen Vorhang für beschwingende Aussichten zu beiden Seiten. Nach einem Moment auf dem Waldsofa geht es nach Bonzel, wo man erneut die Veischeide kreuzt. Ein steiler Wurzelpfad schlängelt sich aus dem Wald. Über offene Flächen wandert man in der Sonne zur Kreuzberg-Kapelle. Durch Hochwald geht es über den Festenberg und die Hohe Schlade, wo man das Zwischenziel schon vor Augen hat:

Man denkt, die Hohe Bracht liegt schon zum Greifen nah, doch der Aufstieg hat es nochmal in sich. Die Kreuzberg-Kapelle ist der perfekte Ort, um für einen Moment an- und innezuhalten.

den auf 588 Metern gelegenen Aussichtsturm der Hohen Bracht. Diesen erreicht man über die Ostflanke des Rübbergs. Oben angekommen, kann man sich mit westfälisch inspirierten Bowls oder Sauerländer Potthucke, einer Art Kartoffelauflauf mit Schinken, für den Endspurt stärken. Den sollte man jedoch erst nach ausgiebigem Genuss des grandiosen Panoramas über weite Teile das Sauerlands antreten. Über das Benolper Kreuz gelangt man zur Einsiedelei.

FAZIT: DER FARBENRAUSCH DER LAUBWÄLDER UND DIE ZAHLLOSEN WEITBLICKE ÖFFNEN EINEM DAS HERZ. SCHEINT DAZU NOCH DIE SONNE – VOLLTREFFER!

Hin & weg: Mit dem Auto zum Wanderparkplatz Einsiedelei zwischen den Bundesstraßen B55 und B517.

Beste Zeit: Im Herbst. Auch im Frühling und Sommer schön.

Dauer & Strecke: 2 Tage. Ca. 11,5 Std. reine Gehzeit für knapp 38 km. Lässt sich in zwei gleich lange Etappen einteilen.

Ausrüstung: Gut eingelaufene Wanderschuhe, Rucksack mit Übernachtungsutensilien, Verpflegung.

Wenn es Nacht wird: In den dicken Gemäuern der mittelalterlichen Burg Bilstein kann man direkt am Wanderweg schlafen – die Höhenburg oberhalb von Bilstein ist heute eine Jugendherberge (www.jugendherberge.de > JH-Schnellsuche > Bilstein-Burg).

DIE POESIE DES WALDES

... von Holzhausen durch den Hickengrund

#50

Dass Wald mehr als eine Ansammlung von Bäumen ist, wussten schon die Schriftsteller der Romantik. Für sie war der Wald ein Ort der Sehnsucht und Verklärung, der Märchen und Mythen. Im Hickengrund bei Burbach bekommen die Gedichte aus dieser Zeit eine Stimme.

#romantischerHickengrund #SehnsuchtsortWald #Naturgedichte #Dreiländereck

Der Wald ist einfach der perfekte Ort, um den Gedichten der Romantiker zu lauschen.

Die Dichter der Romantik zog es in die Natur; stundenlang wanderten sie durch Wälder, am liebsten alleine. Das Bild, das sie von den Naturlandschaften in ihren Gedichten zeichneten, hatte oft etwas Geheimnisvolles, Melancholisches. So, wie sich der Wald oberhalb von Holzhausen an einem Herbstmorgen präsentiert, wenn der Nebel feucht und dick ist und in jede Pore kriechen will. Irgendwie passt eine solche Stimmung aber perfekt zu dem, was einen auf der Rundwanderung durch den Hickengrund erwartet. So heißt der malerische, waldreiche Fleck im südlichen Siegerland, der die Burbacher Ortsteile Holzhausen, Lützeln, Ober- und Niederdresselndorf verbindet.

An fünf Hörstationen kann man Gedichten aus 300 Jahren deutscher Literatur lauschen, vor allem aus der Zeit der Romantik. Falls man

An dieser Hörstation heißt es: Erst kurbeln, dann die Aussicht über Oberdresselndorf genießen.

den Weg in zwei Teilstücken laufen möchte, passiert man zwei weitere Stationen.

Die erste Hörcollage wartet am Großen Stein: An der Kurbel an der Seite des Holzkastens drehen, Knöpfchen drücken, auf einem der bemoosten Basaltsteine Platz nehmen und die Poesie Goethes, von Eichendorffs, Brentanos und Herders genießen. Mit Goethes »Die ganze Natur ist eine Melodie« und dem Rauschen der Buchen- und Ahornwälder im Ohr wandert man nach Lützeln. Auf dem weiteren Weg passiert man eine alte Brecheranlage und gelangt zur Grube Auf dem Kreuz. Mit etwas Glück hat sich inzwischen der Nebel verzogen, sodass man vom Aussichtspunkt oberhalb der Grube freien Blick hat. Das hier abgebaute Kaolin wird zur Herstellung von Porzellan und Fliesen verwendet.

Großartige Aussichten gibt es auf den nächsten Kilometern immer wieder, beispielsweise am Flugplatz in Liebenscheid. Weiche Wiesenwege und verwurzelte Waldpfade führen

---

Hin & weg: Per Bahn mit dem RE99 von Siegen nach Haiger, weiter mit der RB96 nach Holzhausen. Wanderparkplatz Naturweiher/Zum großen Stein in Holzhausen.

Beste Zeit: In den Herbstmonaten. Auch im Frühling lohnenswert.

Dauer & Strecke: 2 Tage. Knackige 7 Std. Gehzeit sollte man für die 24 km einplanen.

Ausrüstung: Wanderschuhe, ggf. Wanderstöcke, genügend zu essen und zu trinken.

Wenn es Nacht wird: Das Hotel Fiester Hannes (www.fiesterhannes.de) in Holzhausen ist in zwei Fachwerkhäusern von 1669 untergebracht. Antikmöbelliebhaber wählen das Apfelbaumzimmer.

Direkt neben der Brücke über den Ketzerbach findet man den Grenzstein, der die Ländergrenzen markiert.

zum Dreiländereck, wo Nordrhein-Westfalen, Rheinland-Pfalz und Hessen zusammentreffen. Ein perfektes Pausenplätzchen mit Bach und Brücke und einer weiteren Hörstation.

Ja, die romantische Gedichtwanderung durch den Hickengrund ist lang, aber jeder Meter durch die bunten Herbstwälder ein Genuss. Wenn man an der Sitzgruppe oberhalb von Oberdresselndorf in die Ferne schaut, kommt einem vielleicht eine Zeile von Novalis in den Sinn: »Die schönste Freistätte«. Oberhalb von Niederdresselndorf lädt ein Waldsofa zum Relaxen mit Aussicht ein, bevor es über Wiesen- und Waldpfade ins Wetterbachtal geht. Liegt die Flussaue am Nachmittag unter einer herbstlichen Nebeldecke, so macht das nichts – eine passendere Szenerie für Gedichte zu Wiesen und Bächen wird man kaum finden. Über die weitläufigen Streuobstwiesen am Ortsrand von Niederdresselndorf wandert man in den Wald und zum Ausgangspunkt. So einladend das Fachwerkdörfchen Holzhausen mit seinen vielen denkmalgeschützten Häusern auch ist – ein Rundgang muss bis zum nächsten Morgen warten, wenn sich die Beine etwas erholt haben.

FAZIT: EINE KILOMETERREICHE WANDERUNG DURCH EINES DER SCHÖNSTEN WALDGEBIETE IM SÜDLICHEN SIEGERLAND, AUF DER MAN GOETHE UND SCHILLER NEU ENTDECKT.

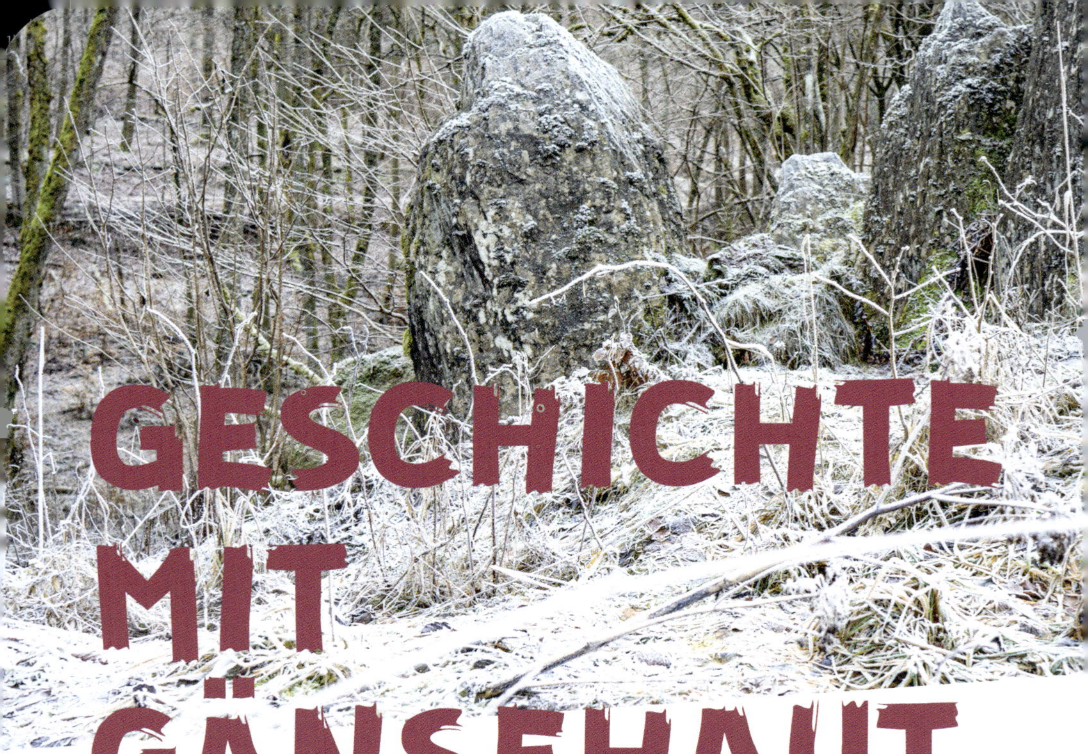

GESCHICHTE MIT GÄNSEHAUT

... ab Züschen über die Ziegenhelle

#51

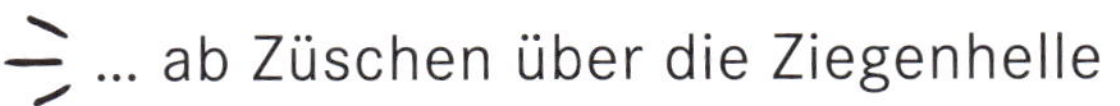

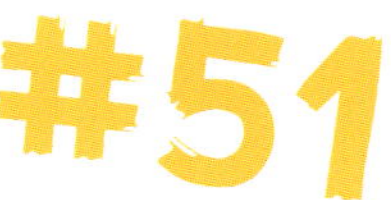

Hackelberg, Ziegenhelle, Wallershöhe – die Namen der Berge bei Züschen lassen vermuten, dass die frühen Bewohner germanischen Kultvorstellungen anhingen. Wer auf den mythischen Pfaden durch die Wälder wandelt, begegnet unheimlichen Geschichten und einer atemberaubenden Natur.

#Mythen&Sagenweg #BergWotans #Ziegenhelleturm #BösesHolz #Freistuhl

→ MINIURLAUB ...

Der Ort, an dem Ahre und Sonneborn zur Nuhne zusammenfließen, war für die Germanen heilig.

Die Entdeckung eines germanisches Runenzeichens hat die Züschener dazu veranlasst, tief im Dorfarchiv zu graben. Dabei fanden sie heraus, dass das beschauliche Örtchen am Eingang zum Nuhnetal bereits im achten Jahrhundert erwähnt wurde. Und dass die Berge ringsherum einiges zu erzählen wissen aus der Zeit der ersten Siedler bis ins dunkle Mittelalter.

Hat man das Portal zum Nuhne-Ursprung passiert, nimmt man den Kreuzweg, lässt die Hackelbergkapelle rechts liegen und den Blick über Züschen schweifen. Hinter einem erhebt sich der Gipfel des 690 Meter hohen Hackelbergs, einer der Wotanberge Deutschlands. Eine Volkssage berichtet von Schäfern, die hier Wotan begegneten, dem Gott mit dem goldenen Helm, der manchmal auch als Wanderer mit blauem Mantel und Schlapphut auftauchte.

Über den Paul-Josef-Steig geht es weiter hinauf. Durch einen Landschaftsrahmen genießt man die Aussicht, bevor man über den Bächenkopf zu den Sungerplätzen und auf den Radenstein wandert. Der 744 Meter hohe Bergrücken bildet eine natürliche Gren-

ze zwischen Züschen und Hallenberg. Und bietet Raum für die Legende vom Mann mit den roten Handschuhen. Der war dazu verdammt, Nacht für Nacht den Grenzstein, den er heimlich verschoben hatte, um eine Eiche zu tragen. Wie die Geschichte ausging, verrät eine Infotafel.

An der Bergstation des Ziegenhellelifts gibt es einen schönen Fernblick, bevor der höchste Punkt, die Ziegenhelle auf 815 Metern, erreicht ist. Vom hölzernen Turm blickt man weit in die Hallenberger Bucht und das Wittgensteiner Land. Im Mittelalter galt die Ziegenhelle als Berg des Gottes Tiu, der für Kampf und Recht stand und von den Chatten, einem Germanenstamm aus Nordhessen, verehrt wurde. Als die Region christianisiert und Tiu verteufelt wurde, nannte man die Ziegenhelle vorübergehend Ziegenhölle.

Über den Herrengrund gelangt man zum Bösen Holz und zum Freie Stuhl – alles Plätze, deren Geschichten einem Gänsehaut über den Rücken jagen. So sollen im Bösen Holz

---

Hin & weg: Mit dem Bus S50 von Olsberg, Winterberg oder Hallenberg nach Züschen. Parken bei der Touristeninformation in der Nuhnetalstraße.

Beste Zeit: Im Winter ohne Schnee, auch im Frühling oder Herbst schön.

Dauer & Strecke: 2 Tage. Reine Gehzeit ca. 5,5 Std. für die 19 km lange Rundtour, mit Pausen und Lesen der vielen Tafeln zu den Sagen einen ganzen Tag einkalkulieren.

Ausrüstung: Keine Einkehrmöglichkeit unterwegs, daher ausreichend Wasser und Verpflegung einpacken. Bequeme, hohe Wanderstiefel.

Wenn es Nacht wird: Urig, gemütlich und familiär geht es zu im alteingesessenen Landhotel Mühlengrund (hotel-muehlengrund.de). Nach dem Wandern kann man sich in der Sauna aufwärmen.

Nähert man sich den Bäumen am Bösen Holz, meint man zuweilen, die Stimmen der Vergangenheit zu hören. Auch der Ziegenhelleturm mutet im Winter ein wenig mystisch an.

die Gehängten bestattet worden sein, die am berüchtigten Femegericht vom Freigrafen und seinen Schöffen in heimlichen Prozessen verurteilt wurden. Mystisches Flair umgibt die Opfersteine am Hohlen Graben. Die Frage, ob die Natur sie so angeordnet hat oder es sich um Runensteine handelt, wird wohl ein Geheimnis bleiben.

Nahe Mollseifen liegt eine Schnadestätte, die ehemalige Waldgrenze zwischen Züschen, Winterberg und Wittgenstein. Entlang der Berkmecke wandert man zum Campingplatz Ahretal und zum Ausgangspunkt. Wer mehr über die Züschener Mythen und Sagen erfahren will, folgt nach einer erholsamen Nacht erneut dem Runenzeichen und erwandert die sieben Kilometer lange Nordschleife des Rundwegs mit dem Franzosenkreuz und dem Kleinen Niggenberg.

FAZIT: SCHAURIGE GESCHICHTEN AUF EINEM SCHÖNEN WANDERWEG IN DEN WÄLDERN HOCH ÜBER ZÜSCHEN, FÜR DEN MAN EINE GUTE KONDITION MITBRINGEN SOLLTE.

ALLERERSTE SAHNE

... auf den Winterberger Pisten und Hängen 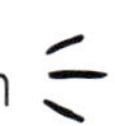

#52

Nicht umsonst trägt die höchstgelegene Stadt Nordrhein-Westfalens den Namen Winterberg. Sie ist auch der Ort mit dem meisten Schnee. Die Bergwelt rund um den Kahlen Asten ist daher prädestiniert, mit einem oder zwei Brettern unter den Füßen oder per Schlitten erkundet zu werden.

#Ski&Rodelgut #Wintersporteldorado #Skihüttenzauber #Eisbobbahn

Wer braucht schon die Alpen? Skifans kommen auch im Rothaargebirge auf ihre Kosten.

Als die ersten Winterberger sich 1906 Ski unterschnallten und übten, wie man damit einen Berg hinunterfährt, machten sie dies angeblich heimlich, weil sie sich nicht blamieren wollten. Sie hatten dieses neue Fortbewegungsmittel auf dem Feldberg im Schwarzwald entdeckt. Dort tummelten sich schon Skitouristen, als Winterberg noch ein wildromantisches Dörflein irgendwo im sauerländischen Nirgendwo war.

Die Idee des Wintersports stieß in Winterberg auf großes Gefallen. Mitglieder eines Kegelclubs gründeten 1907 einen Skiclub, veranstalteten Wettkämpfe am steilen Nordhang des Kahlen Asten und errichteten am Herrloh und im Rauchloch Sprungschanzen. Ein Bobclub wurde 1910 ins Leben gerufen. Auf dem Gipfel der Kappe entstand eine Natureisbahn, in der 1914 die erste Europameisterschaft in der Geschichte des Bobsports stattfand.

Heute ist das Skikarussell Winterberg (www.skiliftkarussell.de) mit knapp 28 Pistenkilometern, 26 Liften und 34 Abfahrten das größte zusammenhängende Skigebiet nördlich der Alpen, dazu kommen die Lifte in den Winterberger Ortsteilen Alt- und Neuastenberg und am Kahlen Asten. An dessen Nordseite kann man nicht nur wunderbar über eine 800 Meter

lange Piste carven, auch Rodeln funktioniert ganz fantastisch am sonnigen Sahnehang (www.sahnehang.de). Der verdankt seinen Namen übrigens Wintersportgästen, die 1920 von »Schnee wie Sahne« schwärmten. Ein Rodellift bringt einen unermüdlich nach oben, bis die Köhlerhütte am Fuße des Sahnehangs mit heißer Schokolade und Waffeln nach Omas Rezept lockt, beides natürlich mit Sahne.

Die älteste Skihütte Winterbergs steht am Poppenberg: Bei Möppi (www.bei-moeppi.de).

Schneevergnügen pur: Wintersport hat in Winterberg eine lange Tradition.

Hier gibt es nicht nur alkoholfreien Bora Bora, sondern auch hausgemachtes Sushi. Die originellste Schirmbar ist wohl das Alm Salettl (www.wiesenwirt.de/alm-salettl) am Rauhen Busch. Doch vor dem Einkehrschwung wird man ausgiebig über die blauen, roten und schwarzen Pisten düsen, die sich über Poppenberg, Bremberg, Sürenberg, Herrlohkopf und Kappe ziehen. Am Hang an der St.-Georg-Schanze oder dem Slalomhang auf der Kappe spüren sogar Skiprofis ihre Oberschenkel.

Adrenalin- und Geschwindigkeitsjunkies sollten sich nicht die Gelegenheit entgehen lassen, durch den Eiskanal der Winterberger Bobbahn zu sausen. Mit bis zu 130 Kilometern pro Stunde ist das Rennbob-Taxi (www.olympic-bob-race.de) unterwegs – die Bahn in der Eisarena ist eine der schnellsten und anspruchsvollsten der Welt und regelmäßig Austragungsort von Weltmeisterschaften. Wem das zu rasant ist: Auch eine Führung durch die Arena ist sehr eindrucksvoll. Ohne Ski und Schlitten lässt sich das Winterberger Wintermärchen ebenfalls genießen, etwa bei einem Spaziergang auf der verschneiten Kuppe des Kahlen Asten.

FAZIT: WINTERBERG LIEGT NICHT IN DEN ALPEN, DENNOCH KOMMEN WINTERSPORTFANS BEIM SNOWBOARDEN, CARVEN ODER EINER SPRITZIGEN RODELTOUR AUF IHRE KOSTEN.

Hin & weg: Mit dem RE57 aus Richtung Dortmund nach Winterberg, von Richtung Kassel mit dem RE17 nach Olsberg, von dort mit Bus S50 weiter. Vor Ort verkehren Skibusse.

Beste Zeit: Am schneesichersten sind Januar und Februar. Die Pisten werden von Dezember bis März beschneit.

Dauer: Mit Rodel-, Ski-, Après-Ski- und sonstigem winterlichen Vergnügen mindestens 2 Tage einplanen.

Ausrüstung: Wetterfeste Winterjacke, Schneehose, dicke Stiefel. Ski, Snowboards und Schlitten kann man in den zahlreichen Sportgeschäften und Verleihstationen mieten.

Wenn es Nacht wird: Das eiförmige Oversum-Hotel (www.oversum-vitalresort.de) macht nicht nur mit seiner futuristischen Architektur von sich reden, es ist genau die Wellnessoase, die man sich nach einem Schneetag wünscht.

SONST NOCH WICHTIG

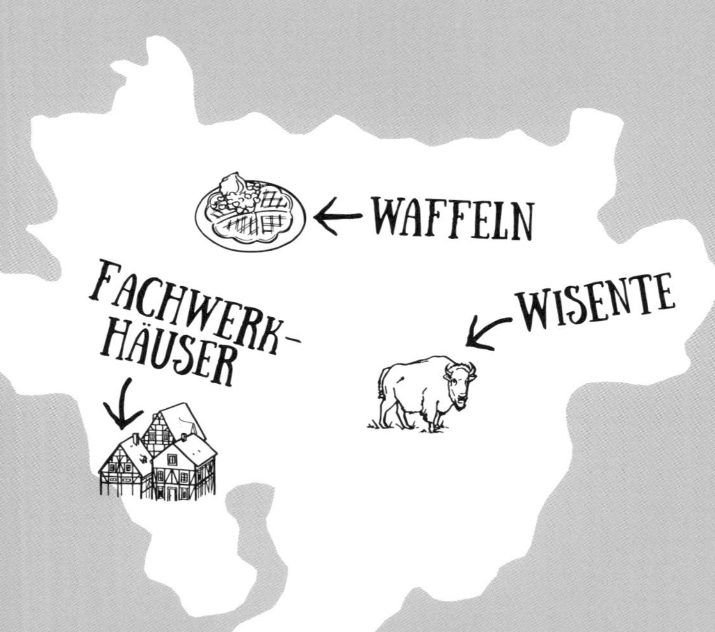

Ein- und Überblick

Karten für den schnellen Überblick, praktische Tipps, mehr über die Autorin sowie ein Ortsregister zum schnellen Nachschlagen gibt es auf den folgenden Seiten.

GPX-Download aufs Smartphone – so geht's

Voraussetzung:
Eine Outdoor-App muss installiert sein, z. B. KOMPASS, Outdooractive oder Komoot. Zum Einlesen des QR-Codes benötigen ältere Android-Geräte eine QR-Code-App. Bei neueren Android- und iOS-Geräten ist diese Funktion in der Kamera integriert.

Daten downloaden:

1. Den QR-Code einlesen oder die Webadresse im Browser eingeben, um auf die Eskapaden-Website zu gelangen.
2. Die gewünschte Tour zum Download anklicken.
3. Bei IOS-Geräten werden die GPX-Daten direkt mit der vorab installierten App verknüpft. Bei Android-Geräten muss ggf. noch ein Weiterleiten-Button geklickt werden (z. B. oben rechts im Display). Manche Apps zeigen den Tourverlauf starr an, andere haben eine Navigationsfunktion dabei.

Tourenverlauf

GPX-Daten zum kostenlosen Download
www.dumontreise.de/eskapaden/rothaargebirge-sauerland

short.travel/pqfpc

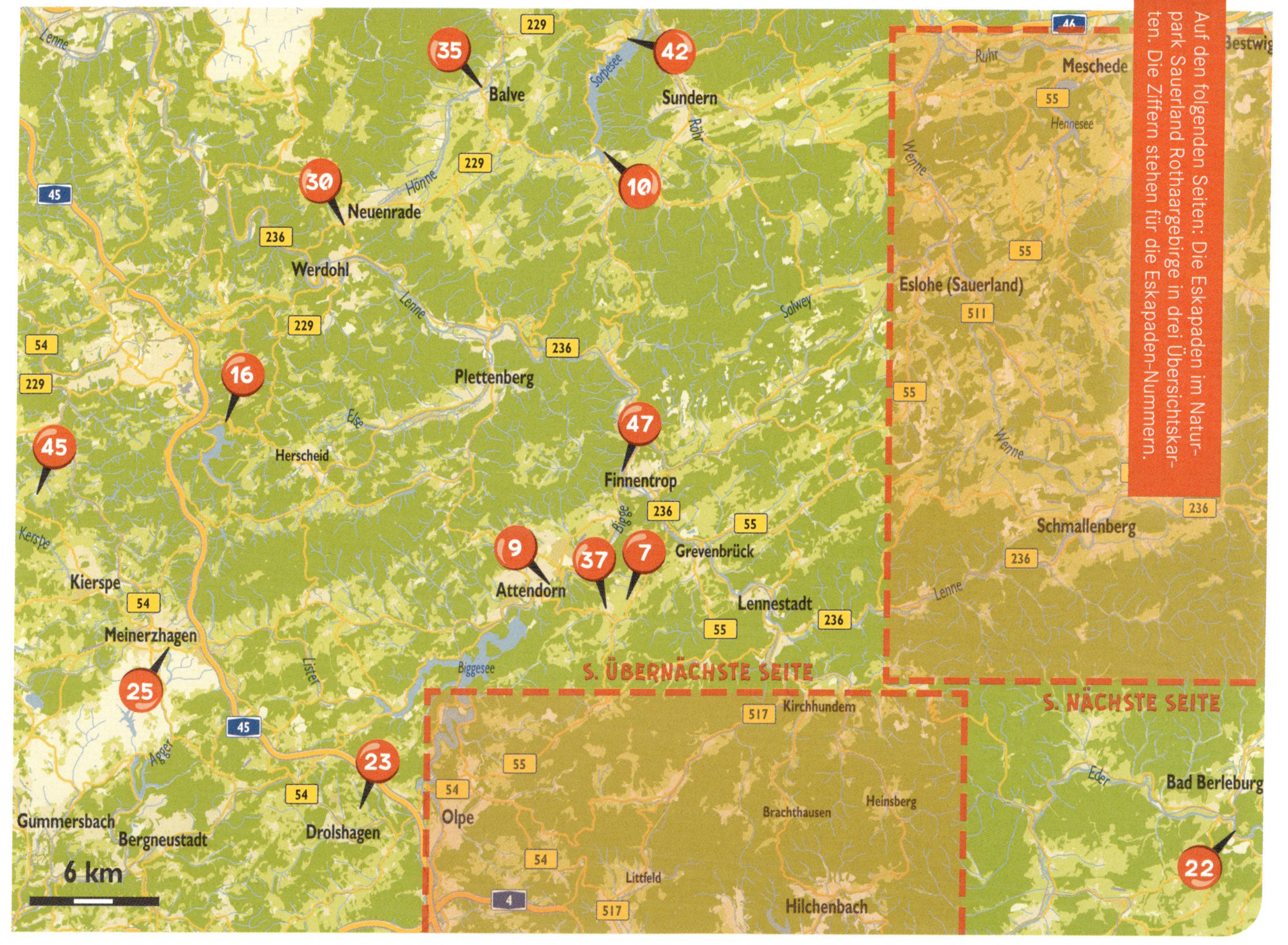

Auf den folgenden Seiten: Die Eskapaden im Naturpark Sauerland Rothaargebirge in drei Übersichtskarten. Die Ziffern stehen für die Eskapaden-Nummern.
S. NÄCHSTE SEITE
S. ÜBERNÄCHSTE SEITE
Balve
Sundern
Sorpesee
Neuenrade
Hönne
Werdohl
Lenne
Plettenberg
Else
Herscheid
Salwey
Finnentrop
Bigge
Grevenbrück
Attendorn
Lennestadt
Biggesee
Lister
Kierspe
Kerspe
Meinerzhagen
Agger
Gummersbach
Bergneustadt
Drolshagen
Olpe
Kirchhundem
Brachthausen
Heinsberg
Littfeld
Hilchenbach
Meschede
Ruhr
Hennesee
Wenne
Eslohe (Sauerland)
Schmallenberg
Eder
Bad Berleburg
Bestwig
6 km

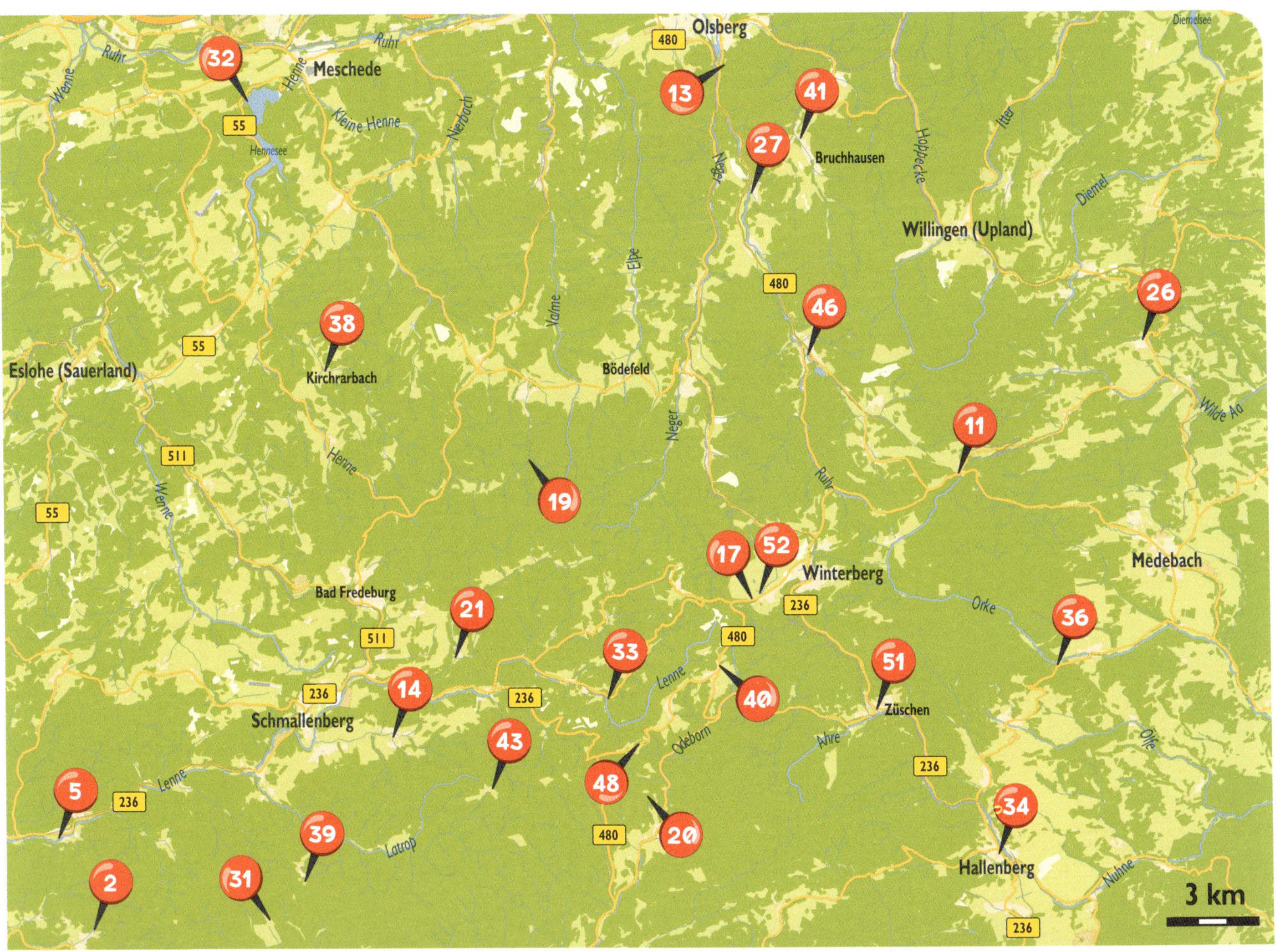

Olsberg
Meschede
Bruchhausen
Willingen (Upland)
Eslohe (Sauerland)
Kirchrarbach
Bödefeld
Winterberg
Medebach
Bad Fredeburg
Schmallenberg
Züschen
Hallenberg
Ruhr
Henne
Kleine Henne
Nierbach
Hennesee
Wenne
Neger
Elpe
Valme
Hoppecke
Itter
Diemel
Diemelsee
Wilde Aa
Orke
Lenne
Odeborn
Ahre
Latrop
Olfe
Nuhne
480
55
511
236
3 km
32
13
41
27
46
26
38
11
19
17
52
21
33
36
51
14
40
43
48
5
39
20
34
2
31

Kirchhundem
Biggesee
Olpe
Brachthausen
Heinsberg
Littfeld
Krombach
Hilchenbach
Eder
Wenden
Littfe
Kreuztal
Netphen
Freudenberg
Siegen
Sieg
Werthe
Weiß
Asdorf
Widenbach
Dill
Betzdorf
Heller
Herdorf
Haiger
3 km
Elbbach
Daade

NOCH MEHR ESKAPADEN …

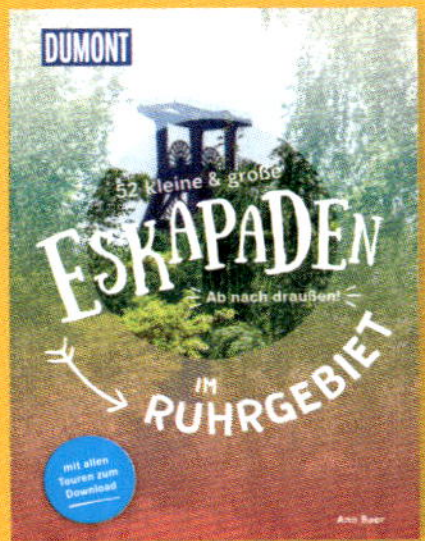

ISBN 978-3-7701-8087-5

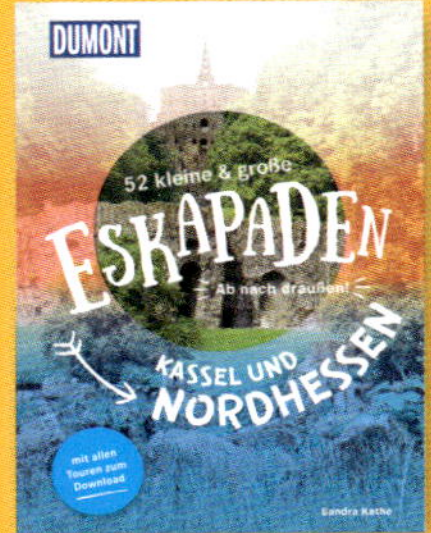

ISBN 978-3-616-11024-0

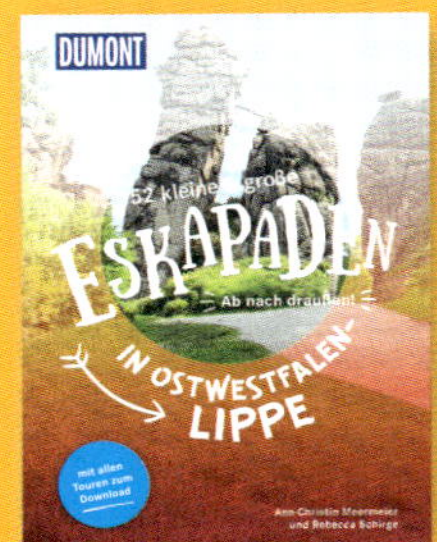

ISBN 978-3-616-11017-2

 … erhalten Sie im gut sortierten Buchhandel und unter www.dumontreise.de 

IMPRESSUM

Reihenkonzept Monique Sorban

Projektmanagement Tamara Siedler

Cover-/Buchgestaltung & Illustrationen Carolin Weidemann, Köln, www.weidemann-design.com

Umschlaggestaltung, Lektorat & Produktion Verlagsbüro Wais & Partner (Meike Diekmann, Beate König, Julia Rietsch, Kai Wieland), Stuttgart, www.wais-und-partner.de

Text & Fotos Alexandra Lattek, München, www.travelingtheworld72.de

Kartografie © KOMPASS, Innsbruck, unter Verwendung von Kartendaten von © OpenStreetMap-Mitwirkende, Lizenz CC-BY-SA 2.0

Hinweis Alle Informationen wurden mit größtmöglicher Sorgfalt geprüft. Infolge der Corona-Pandemie kann es allerdings zu kurzfristigen Geschäftsschließungen und anderen Änderungen vor Ort gekommen sein.

Printed in Poland

1. Auflage 2022

ISBN 978-3-616-02801-9

www.dumontreise.de

Weiterlesen

Auf ins WaldReich heißt das Outdoor-Magazin für das Siegerland und Wittgenstein. Neben Wanderrouten werden besondere Naturprojekte und Menschen vorgestellt. Der Sauerländer Lebensart hat sich das Woll-Magazin verschrieben. Literarische Wanderreportagen gibt es in Sauerland Seelenorte.

Geschmacks-sachen

Vollständig ist das Bewegen in der Natur erst mit einer Waffel samt Sahne und heißen Sauerkirschen. Die steht auf 99 Prozent der hiesigen Speisekarten. Für den deftigen Abschluss darf es ein Siegerländer Krüstchen oder eine Sauerländer Potthucke sein. Oder einfach ein paar Schnittchen.

GUT ZU WISSEN …

Ohne Auto

Viele der Ausgangspunkte sind mit öffentlichen Verkehrsmitteln erreichbar. Informationen, wie man am besten per Bus und Zug von A nach B kommt, finden sich unter www.zws-online.de, www.rlg-online.de, www.mvg-online.de und www.bahn.de. In kleinere, entlegenere Orte fahren außerhalb der Stoßzeiten häufig nur Taxibusse nach Voranmeldung. Vereinzelt verkehren an den Wochenenden auch Wanderbusse.

Sicherheit & Notfälle

Im Mittelgebirge gibt es steile Pfadpassagen, auf denen man ganz schön ins Rutschen kommen kann. Im Notfall 112 wählen und die Nummer auf dem nächstgelegenen grün-weißen Rettungsschild durchgeben.

Vor Ort im Netz

Unter www.sauerland-hoehenflug.de/de/Presse-Blog/Sauerland-Hoehenflug-Blog, www.brittasiehtdiewelt.de und www.wildganz.com/tourismusregion/siegerland-wittgenstein gibt es jede Menge Infos.

ESKAPADEN-REGISTER ...

Alle Orte mit Seitenverweisen

ALEXANDRA LATTEK

... über die Autorin

Hand aufs Herz, für die sonntäglichen Wanderungen in den Siegerländer Wäldern und Radtouren durch das bergige Sauerland hatte Alexandra als Kind nicht so wahnsinnig viel übrig. Die Draußenliebe fand sie, als sie 1999 nach München zog. Heute gehört jede freie Minute der Natur. Glück ist für sie, auf kleine und große Gipfel zu wandern, stehend über einen See zu paddeln und über butterweiche Skipisten zu schwingen. Bei ihren Heimatbesuchen stellte Alexandra irgendwann fest: Das geht auch dort ganz hervorragend. Für die Eskapaden hat sie Bekanntes neu kennen- und lieben gelernt.

Mehr Outdoor- und Reisegeschichten gibt es unter www.travelingtheworld72.de

Müßiggang

Eskapade #5: Über Kurterrainwege spazieren klingt spießig, ist es aber nicht. Die Welt von unten spüren, in einer Grasmulde meditieren, durch einen Fluss waten, all das kann man in Saalhausen.

In Watte gepackt

Eskapade #19: Moore haben so einige Schauergeschichten zu erzählen. Sind sie von einer dicken Schneeschicht überzogen, hört man auf der Hunau allenfalls ein harmloses Glucksen.

5 BESONDERE EMPFEHLUNGEN ...

Farbenmeer

Eskapade #46: Die Farbe Lila ist Geschmackssache. Wenn das Heideblütenbarometer in Niedersfeld steigt, kann sich niemand dem Charme des violetten Naturspiels auf der Hochheide entziehen.

Rodelweltmeister

Eskapade #52: Auf zwei Kufen einen Berg hinunterzusausen, dafür ist man nie zu alt. Wer sich am Winterberger Sahnehang auf den Schlitten setzt, hat danach garantiert einen Lachmuskelkater.

Elixier des Lebens

Eskapade #32: Der Anblick von blauem Wasser lässt die Endorphine tanzen. Beim Kajaken entlang der felsigen Landzungen des Hennesees fühlt man sich so frei wie in der Wildnis.

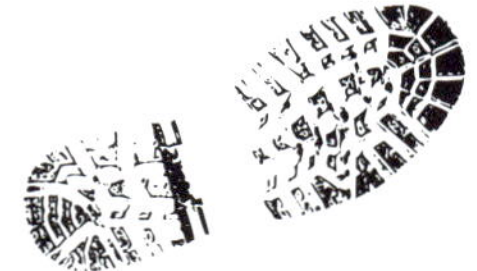